人际沟通心理学
好人脉是处出来的

冠诚◎著

郑州大学出版社
郑州

图书在版编目（CIP）数据

人际沟通心理学：好人脉是处出来的/冠诚著．—

郑州：郑州大学出版社，2017.8（2019.10 重印）

（"绘世"人生心理学丛书）

ISBN 978 - 7 - 5645 - 4535 - 2

Ⅰ．①人… Ⅱ．①冠… Ⅲ．①心理交往 - 通俗读物

Ⅳ．①C912.11 - 49

中国版本图书馆 CIP 数据核字（2017）第 149997 号

郑州大学出版社出版发行

郑州市大学路 40 号　　　　　　邮政编码：450052

出版人：张功员　　　　　　　　发行电话：0371 - 66966070

全国新华书店经销

三河市宏图印务有限公司

开本：145mm × 210mm　1/32

印张：6

字数：192 千字

版次：2017 年 8 月第 1 版　　　印次：2019 年 10 月第 2 次印刷

书号：ISBN 978 - 7 - 5645 - 4535 - 2　定价：35.00 元

本书如有印装质量问题，由本社负责调换

前　言

我们所处的世界如同一张庞大而复杂的大网，利益、得失、情感皆被网罗其中。每个人就如同是这张网上的一个结点，当我们想要扩大自己世界的这张网时，就必须增加更多的"结点"，而这些"结点"其实就是人际关系中的关键人物，这种"关键人物"数量的多少，决定着你的人脉质量，决定着你能否成功，决定着你能否在这个复杂的世界中精进，迅速而准确地达到自己的目标。

本书不反对"真诚就有朋友""善良自有人缘"的观点，但是如果没有经营，自己的人脉关系就是盲目而且混乱的。要处好人脉关系，从完善自己修炼自我，到与他人的交往中占得先机、懂得进退有度、把握节奏距离，每一步都是需要学习和练习，这样才能更加有目的地、清晰地建立自己的人脉关系网。当需要人脉时，自然能够寻得"贵人"，抢占先机！

人脉也是一种投资，因此更需要付出和经营。对于人脉，或许有些人仍然存在误区：认为那些具有一定地位或者在某方面有颇有建树的人才是有用的人脉。但是，我们也不能忽略，自己身边的亲人、朋友、同学、同事，也是我们不可或缺的人脉资源。他们与我们的生活息息相关，所产生的影响甚至要甚于那些颇有建树却与我们关系不深的"人脉"。"一屋不扫何以扫天下"，我们身边最近的人脉关系尚且处理不好，又如何去经营那些遥远而又充满未知的人脉呢？

在日常生活中，你还守着仅有的那点人际关系"吃老本"吗？

你还是只重视结交那些看上去对自己有利的人吗？你是否仍然沿袭着那些客套的关系？你是不是还是觉得朋友就是朋友、敌人就是敌人？

既然人脉是一种投资，就需要我们修炼出能够迅速辨别人脉质量的"火眼金睛"。如何让自己避免无用社交，提升自己圈子的质量与逼格，让自己的人脉真正能够发挥作用呢？

家庭、事业、婚姻等莫不需要人脉关系，你的微笑、语言、性格等莫不是影响人脉管理的关键因素，而礼物、恭维、忍让莫不是处好人脉的必备武器。本书就是教你如何发掘自己的优势，充分利用自己的资源，帮你维护原有人脉、开拓新的人脉。

本书详细地阐述了人脉的重要性，以及如何与各种各样的人建立关系、拓展关系等多层面的问题，旨在帮助读者拨开人际交往的迷雾，在复杂的世界中为每一位读者开辟出清晰快捷的人脉大道，做大家生活中过关斩将的帮手，让每一个人在人际交往中变得游刃有余，无往而不胜。

格局决定布局，布局决定结局！而你的人脉就是布局的开始！愿每一个读者都能由这本书开始，重新为自己的人生布局！

编　者

目 录

第一章
没有人脉的人生寸步难行

不是每个人都有扎实稳健的人际关系，很多人苦于没有关系，以致办不成事情。其实关系是死的，人是活的，这个世界上没有打不通的关系，只有不够努力的人。

没有处不好的人脉，只有不会处人脉的人

不是每个人都有扎实稳健的人际关系，很多人苦于没有关系，以致办不成事情。其实关系是死的，人是活的，这个世界上没有打不通的关系，只有不够努力的人。

俗话说："没机会创造机会也要上。"拉关系就是一个创造机会的过程，人生在世不要总是抱怨没有关系可用，你不去创造关系，难道关系还会主动找上门不成？

唐代大文豪韩愈在《劝学解》中说："业精于勤，荒于嬉；行成于思，毁于随。""业"是什么？业是一切我们想要从事、即将从事或正在从事的事情。拉关系同样是一种"业"，关系要拉得勤，要不然再好的关系也会疏远；拉关系要不厌其烦，这次热脸贴了冷屁股，说不定下次就无所不谈了。

拉关系没有想象中那么难，请人办事关键要诚恳主动，想尽一切办法去联络。有一些看似走不通的门道，其实绕几个弯、隔几个人，也就变得畅通了。即使真的没有什么联系，还有毛遂自荐这一招，这是最后的一招，也是最实在的一招。一旦成功，这关系完全就是你个人的了。不要太过于相信所谓的中间关系人，本来和他没有什么利益关系，未必会尽力帮你。

薛仁贵是唐初有名的战将，曾经立下过赫赫战功，至今名垂青史，广为传颂。但是有几个人知道，薛仁贵之所以能够成为一名战功卓著的大将军，完全是靠他自己闯出来的。众所周知，唐太宗李世民手下名将众多，一般将领更是数不胜数，而当时薛仁贵只是一个没有任何官职的小兵。薛仁贵空有一身好本领，但是苦于无法施展，他有时会对其他小兵说："只要让我见到皇帝，我就一定能说服他让我做先锋，凭我的本事，绝对能立下战功。"其他小兵听了他的话都纷纷嘲笑他，认为这简直是天方夜谭，区区一个小兵，怎么可

能见到九五之尊的皇帝呢？可是薛仁贵并不这样认为，他每天都在盘算着怎么才能让皇帝看到自己，并让皇帝召见他，封他做将军。终于有一次，薛仁贵的机会来了。

唐贞观十九年（645年），唐太宗李世民由洛阳出发，亲征高句丽。高句丽派大将高延寿和高惠真率15万大军前来迎战。李世民设将将他们诱至安市城东南8里，双方展开决战。

李世民选了一个高坡亲自督战。薛仁贵也随军参加了这次战斗，当他看见李世民在高坡上亲自督战的时候，他知道自己的机会来了。他知道一定要让高高在上的李世民清清楚楚地看到他在战场上的战功。当时战场上阴云四起，雷电交加，唐军将领刘君邛被敌军团团围困着，无法脱身，没有人能够靠近前去营救他。李世民见到这种情况很是着急，正要下令去营救刘将军，突然看到唐军中冲出一员身穿耀眼白袍的小将，手中握着方天画戟，腰挎大弓，大吼一声杀入敌阵。敌将惊慌失措，还没来得及分兵迎战，阵形已被冲散，士卒四散奔逃。唐军在那员小将的率领下拼杀过去，高句丽军大败。

战事刚一结束，李世民马上到军中询问："刚才冲在最前面的那个身穿白袍的将军是谁？"并派人马上去查询。等到查询人员一到，薛仁贵就立即让他看自己缴获的战利品，还展示了自己的武艺。查询的人回来回报李世民说："那不是一个将军，只是一个小卒，他的名字叫薛仁贵。"

李世民闻之大喜，专门召见了薛仁贵。薛仁贵见到李世民后，大表忠心，说自己苦于报国无门，一直十分懊恼，还在李世民面前展示了他过人的臂力。李世民对他大加赞赏，还赏了他两匹马、四十匹绢，并加封为右领军中郎将，负责守卫长安太极宫北面正门玄武门。此后，薛仁贵多次率兵南征北战，立下了"三箭定天山"的功劳，官至右威卫大将军、平阳郡公兼任安东都护。

世上没有免费的午餐，一切关系都是靠自己创造出来的。有求于人的时候，你处在弱势，别人处在强势，被迫委曲求全是难免的，也是必要的，别把面子看得太重，得到好处才是最重要的。"厚"是拉关系所必然经历的阶段，不要怕失了自己的身份，对有必要拉上关系的人要反复联系，即使刚开始对方对你完全不感兴趣也无所谓，只要你周而复始地创造机会，就会慢慢地在别人的脑海中留下印象。

人脉箴言

拉关系要讲求手段，至少要先让别人知道有你这么个人，然后才能谈论其他的事情。这个时候脸皮就要够"厚"，所谓"厚"就是考虑的事情不要太多，要不怕打击，不怕阻碍。在他人面前凸显自己的关键是要给你想攀上关系的人留下一个很好的第一印象。

同道中人好说话

"物以类聚，人以群分"是中国的一句老话，包含了中国几千年来的一种等级观念。虽然说现代社会倡导人人平等，但是在我们平时的交际中，这却是一条很重要的原则，这是一条优化我们交际圈的有利原则。

"物以类聚，人以群分"这句话最早出自《战国策》，由此可见，早在两千多年前中国人就已经形成了这种观念，这种思想在中国人的脑海里根深蒂固。中国人常说，婚姻大事一定要讲究门当户对，虽然近年来这样的婚姻观念遭到了社会上很多人的批判，但其实这种观念还是很有道理的。很多不够门当户对的新人们就是因为结婚前本不是一路人，所以导致了婚后根本没有共同语言，生活中矛盾重重，最终导致婚姻的不幸。所以，与其把两类人硬拉到一起，还不如多结识一些同道中人，免得双方产生不必要的尴尬与不适应。

根据一些专业媒体的报道，在北京有不少富人俱乐部，每年的会费达 10 万元，这还不算其他的消费。你也许会不理解地问：富人都怎么了，花这么多钱值得吗？

每个人都有自己的圈子，圈子里是与自己志趣、背景、经历相仿的人。生意人更是这样。从某种意义上说，出于生意的需要，他们更需要接纳与自己同一阶层的人。如今在中国方兴未艾的富人俱乐部，正好满足了这样一种市场需求。

在北京，从出租车司机到企业白领，几乎都对一些富人俱乐部如数家珍：如长安俱乐部、京城俱乐部、美洲俱乐部和中国会所。

一辆豪华轿车停在俱乐部门口，车上下来几位穿着西装的巨商，他们穿过大堂，乘上电梯直达俱乐部。出示会员卡，笑容可掬的服务小姐毕恭毕敬地把他们迎进楼厅，在这些私密的空间里他们从陌生人发展成生意上的合作伙伴……

很多人都想知道：来这里的生意人到底是怎样一个层次的人？

"俱乐部不是有钱就可以去的，要成为其会员，一要看收入，二要看职位，三要看所从事的职业。普通人即便有钱，也甭想加入。"一位外企的高层人士这样说。这就是高级俱乐部同一般高级饭店、酒店等不同的地方。

总体上来讲，这些俱乐部主要成员是外企高级经理、私企老板等高收入专业人士以及各界社会名流等。"在国内有机构的外国企业、国内大企业的老总几乎都是俱乐部的会员。因此准确地说，这些俱乐部其实就是企业领袖俱乐部。"

虽然是俱乐部，但说到底还是为了生意。由于国内外大的公司基本都是俱乐部的常客，因此，俱乐部最重要的一点就是体现商务交流的格调和氛围。"我们想先交朋友，然后再来谈生意。"这是很多会员的想法。优美的环境，私密的空间，一旦一笔生意谈成了，所获得的将远远超过付出的会费。

其实，不只是中国商人这样，全世界的商人都是这样。美国哈佛大学的毕业生们就专门有一个俱乐部，这个俱乐部只有成功的商人才能够参加，而且别的大学的毕业生根本不能参加。

你是哪个阶层的人就应该同哪个阶层的人交往，你是什么身份的人就应该同与你同样身份的人交往。官员只和官员打交道，商人只和商人谈生意，知识分子只喜欢同知识分子交往，工人喜欢与工人凑热闹，学生一般也只能和学生交流。

社会就是一个大聚落，每个阶层的人在自己的交际圈中形成了一个个小的聚落，其他阶层的人是很难进入的。这个小聚落内部之间能够相互帮助、优势互补，而且还能够团结起来共同抵御"外敌"。这一个个小的聚落才能共同组成社会这个大聚落，而不是我们所有的人都没有隔阂地处在社会这个大聚落中。

人脉箴言

讲究"物以类聚，人以群分"的交际之道，是为了让自己在自己所属的圈子里有更好的作为。跟同道人交往很容易产生共同语言，也更容易拉近彼此之间的情感距离，更容易成为关键时刻能帮上忙的挚友。多与同道人交往容易建立起自己的核心交际圈。

人脉就像一棵树，枝繁叶茂好乘凉

人的一生不仅是一个不断奋斗的过程，也是一个不断积累人脉的过程。在我们的一生中要认识很多的人，与不同的人打交道，其中有些人就是我们所说的人脉资源，是用得上的人际关系，这样的关系要不断地积累才能使之发挥作用。

即使再强的人也有需要人帮忙的时候，纵观世界上成功的政治家、大富豪们，哪一个不是拥有着丰富的人脉资源，哪一个不是在各个方面都认识一两个管用的人。越是想取得成就的人越不急于积累人脉，而越是成功的人越是注重人脉的再积累，无论成功与否，人脉都是最重要的。专业知识在一个人成功中的作用只占到15%，其余85%皆取决于人际关系。

如果将一个人三十年的事业生涯分成三个阶段，那么第一个十年，重点在于广交朋友，三教九流都能认识一点是最好的，能帮上一点小忙的朋友也可交，即使暂时帮不上忙的人也不要轻视。这就好比撒大网，只要看见有鱼就把网撒下去，不管是大鱼还是小鱼，人际关系这张大网，在你事业的前十年就要铺开。在第二个十年，重点就应该转为人脉关系的优化，这个时候就不是关注数量，而是要关注质量了。筛选各种人脉关系，那些利益关系大、用处多、交往频繁的人脉要重点培养，那些已经较为疏远、利益关系小的人脉便可渐渐忽略。在人脉资源的积累上要逐渐经历一个从量变到质变的过程。而在事业后面的十年里，则要把重点转移到维护人脉上，把前十年经过优化的人脉资源下大力气进行维护，不要怕投入大成本，没投入就没有产出的。

俗话说，三十而立。人到了三十岁事业初成，在社会上立足渐稳。三十岁以后，人的事业基本上已经进入了一个稳定的成熟期，这个时候就更需要巩固人脉，把自己的事业牢牢地稳定住。人脉是需要不断发展延伸的，并形成一条人际关系链。这样的人际关系比较牢靠，也比较实用，尤其是在政坛和商场上，这样的事情比比皆是。比如，清朝的穆彰阿（道光中堂）提携曾国藩，曾国藩举荐李鸿章，李鸿章成全袁世凯，互为羽翼。张之洞（光绪末中堂）师从胡林翼（中兴四臣之一），其堂兄是张之万（同治帝师），其姐夫是鹿传霖（光绪末中堂）。翁同龢（光绪初中堂）的父亲是翁心存（同治中堂）。再看那段时期平民出身的历史人物，谁没有大名鼎鼎的老师？梁启超师从康有为，蔡锷师从梁启超，杨度师从王闿运（肃顺、曾国藩幕僚）。人脉资源的作用，就是这么神奇。

严密的人脉关系同样是企业的宝贵资源。以业务部门为例，业务员需要不断去开发创造新的销售机会，除了固定客户外，还要通过这些已有的客户资源，挖掘新的客户资源，销售的过程中遇上困难时，也可以寻求相应的人士帮助解决，这同样是一条完整的人际关系链。

一本政治家的回忆录中提到：一位被委任组阁的人受命伊始，心情很是焦虑。因为一个政府的内阁起码有七八名阁员，如何去物色这么多的人去适合自己？这的确是一件难事，因为被选的人除了有适当的才能、经验之外，最要紧的一点，就是"和自己有些交情"。

法国有一本叫作《小政治家必备》的书，书中教导那些有心在仕途上有所作为的人，起码搜集 20 个将来最有可能做总理的人的资料，并把它背得烂熟，然后有规律地、按时去拜访这些人，和他们保持较好的关系。这样，当这些人之中的任何一个当了总理，自然就容易记起你来，大有可能请你担任一个部长的职位了。也许你会认为这种手段看起来不大高明，但却是非常合乎现实的。

人脉箴言

积累人脉其一是要主动，只要你觉得可以交往的，有必要交往的就要主动和其套近乎，想办法结交上；其二是要有选择性，挑选一些重点发展的人脉关系，进行重点的维护，最好通过某种渠道建立起长

脸皮有多"厚"，人脉就有多"厚"

经常会听到这样的话——为什么吃亏的总是我们这些老实人？老实人是好人，值得肯定，但现实是残酷的，对老实人仅仅只有肯定而已，在涉及到自己利益的时候人往往还是自私的。

一百年前，中国诞生了一本奇书，一本教人如何为人处世的书——李宗吾先生的《厚黑学》。虽然有很多人批评《厚黑学》观点偏激，但是其中有些观点对于我们为人处世还是有用的。何为"厚"？说直白点，就是遇事要实在一些，不要光替别人想，更要为自己着想，为自己谋取利益。

有时候我们应该多为自己着想，别亏待了自己，该厚就得厚。与人套近乎，得有些手段才行，不是所有关系都能轻而易举地结交上，有时候要靠一些手段才能赢得别人的心。

江朝宗是清末的著名政客，我们从他的升迁之道中就能看到"厚"的好处。

江朝宗原名江四，此人是袁世凯时赫赫有名的九门提督、步军统领，府院之争时还当过几天国务总理。江朝宗早年家境贫寒，但他勤奋好学，粗通文墨，后来落难来到天津，经人介绍给直隶某绿营参将高孝承当文书。这位高参将乃行伍出身，不通文墨，因而对江四格外重用，倚为心腹。

高参将早年丧妻，膝下无子，只有一个女儿，视若珍宝，迟迟未许配人家，有道是"男大当婚，女大当嫁"，所以女儿的婚事就成了高参将的心病。可是有财有势的门户谁愿意娶这位老女人呢？但一般小户人家，高参将又不甘心降格以求。日复一日，就这样高不成低不就地把姑娘的婚事给耽搁了，越发地难以出阁。

江朝宗自从进了参将署，终日埋头苦干，十分殷勤，尽量在上司面前表现出自己老实忠厚，值得信赖的模样，所以上下都喜欢他，参将也常夸奖他。久而久之，高参将有将女儿许配给他的心愿。谁知在一次聊天中，江朝宗为了在高参将面前展示自己是个本分的好人，竟谎称自己已经定了亲事，自己对女方多年来一直坚定不移。高参将信以为真，于是便不再提及成亲一事了。不久，高参将的一位幕僚与江朝宗闲聊时述及此中秘事，江朝宗听后内心十分懊丧，但又不可挽回，只有自怨自艾。

江朝宗毕竟是个一心想往上爬的人，为自己一时失言而未能成为参将的女婿，终日心猿意马，不得安宁，想思忖一条补救的办法。终于让他想出了一个看似很"损"的方法。

有一天，江朝宗备置了一桌酒菜，请那位幕僚和几名同事共饮。大家推杯换盏，开怀畅饮，都已有了几分醉意之时，蓦然间，江朝宗举杯号啕大哭起来。旁人一怔，不知所以，都说："四先生醉了！"江朝宗从怀中掏出一封"家信"，捧至脸前，涕泪俱下。那位幕僚先生拿过书信拆开一看，"哎呀"一声，说："原来是嫂夫人病故了！"江朝宗哭得更厉害了。

过了几天，那位参将的幕僚笑嘻嘻地登门见江朝宗，一见面就说道："四先生，贺喜贺喜！"江朝宗心想：果然计谋应验了，但却佯装不解地问道："我有何喜?"幕僚先生随即把受参将之托，欲把爱女许配与江朝宗的话说了一遍。江朝宗再也控制不住内心的喜悦，当即站起来向这位幕僚先生深深地三作揖。第二天，江朝宗梳洗整冠去参将府邸，叩见高孝承，拜谢知遇之恩，口口声声恭称岳父大人，喜得高参将眉开眼笑。按道理说，自己的妻子过世，再怎样也要为之守丧一段时间再续弦，虽然在江朝宗的谎言中他俩还没成亲，但也不能前脚妻子过世，后脚就与别人成亲，这不得让大家非议吗？可是江朝宗管不了这么多了，他脸皮够厚，哪管别人议论不议论，自己先攀上这门亲事再说，千万不能让这么好的关系溜走。

这高参将也是，还真就允诺了这门亲事。高参将立刻请人选择吉日，为他们二人办了婚事。江朝宗遂了心愿，入赘参将府，从此青云直上。后来，高参将病故，所遗大宗财产，尽数为江朝宗继承。江朝宗利用这笔家产，上下打点，终于攀上了北洋显贵袁世凯，成为民国初年投机政客中红极一时的人物。

与人交往时，该老实的时候就应该表现得很老实，该狡猾的时候就应该表现得很狡猾。当然这里的狡猾并不一定是个贬义词，它是让我们多为自己的利益考虑，很多时候你"厚"脸地坚持，比"薄"脸的顺水人情要管用得多。江朝宗身上其实也有值得学习的地方，拉关系的时候不能太老实，别人都在用谋略，你一个人老实地交往怎么行？天上不会掉馅饼，良好的关系从来不会主动送上门，只有自己的勤奋才能让关系越发的牢靠。

人脉箴言

多数时候，推销自己和推销商品是同一个道理。每个人都有弱点，只要你抓住了弱点，不厌其烦地猛烈攻击，肯定能打开一个大缺口。大多数人总是碍于面子羞于做一些事情，而有些人从来不考虑什么面子问题，该拉关系、套近乎时，脸皮比谁都厚。而我们这些所谓的"好面子"的人，还看不起这样脸皮厚的人，结果脸厚之人成功了，自己又开始抱怨当初怎么没有"厚"一点，这不是自己抽自己嘴巴吗？

友谊可以换来爱情，也可以换来人脉

出门在外，工作办事，肯定要跟不同的人打交道，为了能把事情办成，定要先与人交上朋友。这交朋友可是要讲方法的，不是说只要两个人有往来就能够成为朋友。

《智慧书》中说道："当我们与一个满腹经纶的饱学之士交往时，在谈吐之间要显示出自己的素养；当我们与圣人交往时，行为举止要符合道德规范。这是博取他人好感的策略。"稍微圆滑世故一些的人都知道，在平时与人打交道的过程中，要遵循的原则就是"见什么人说什么话，到哪个山头唱哪首歌"。这样做的目的有时是出于客套，但大多数时候都是你有求于人，为了迅速博得对方的好感必须这样做。

求人办事想要尽快成功，最有效也是最稳固的办法就是同有关系者交上朋友，有了朋友这层关系，办起事情来就要容易得多。交朋友的方法有很多，可以是通过其他朋友的介绍，可以是因为双方有共同的爱好，可以是双方存在某种利益上的联系，可以是双方在情感上有共同的寄托。无论是哪一种，都是需要找到你与有关系者之间的共通点，这是交朋友时最重要的。

　　香港的王先生凭着智慧与汗水创办了一个大型集团公司，经过几十年的奋斗与拼搏，已成为香港同行业中的执牛耳者。王先生虽已成家立业，但时时刻刻都在想着家乡，想着家乡的人民，现在年龄也大了，很有一种叶落归根的想法，但苦于工作太忙，无法回去。

　　这时，王先生的家乡为了修筑一座大桥，需要一笔不小的资金，当地政府千方百计筹措，才筹到了总数的1/3，于是就派出陈某去找王先生，希望能得到援助。

　　陈某是政府对外联络办的，为人聪明，善于交际，且很有办法。他看了王先生的详细资料后，就判断王先生这时也很有可能有回家乡投资的意向。因此，在没有任何人员的陪同，也没有准备任何礼品的情况下，陈某独自一人前往香港，并且打保票定会筹到款项。

　　当王先生听到家乡来人时，他在欣喜之余也感到有些惊讶。因为久不闻家乡的讯息，突然有人来了，该不会是招摇撞骗的吧！王先生心里不由生起阵阵疑云，但出于礼节，他还是同陈某见了面。

　　陈某一见王先生这种态度，知道他还未完全相信自己。于是他挑起了家乡的话题，只讲家乡新中国成立前及现在的风貌变化，他那生动的语言，特别是那浓浓的爱乡之情溢于言表，令王先生深受感动，也将他带回了童年及少年时期，想起了那时的家乡、那里的爷爷奶奶还有邻里亲戚……显然，王先生记忆深处的那块思乡领地已被陈某揭开了盖头，蕴藏在心中的那份几十年的感情全部流露了出来，欲罢不能。

　　就这样，经过三个小时的聊天，陈某对借钱一事只字未提，只是与王先生回忆了家乡的变迁，犹如放电影一般。最后，王先生不但主动提出要为家乡捐款一事，还答应了与家乡合资办厂的要求，并与陈某成为"忘年交"。陈某巧妙利用"老乡"关系，成功地达到了求人办事的目的，更给自己增加了一位可以信赖的朋友和靠山。

陈某打的是"故乡情"这张牌，他知道上了年纪的游子都对家乡抱有说不尽的深情，只要一跟他谈到家乡的山水，这感情的距离自然就拉近了。同上了年纪的人打交道，大谈风土人情、故乡山水是很管用的一招；同中年人打交道应该更多地谈事业、兴趣爱好；同年轻人打交道应该更多地谈潮流时尚、文学艺术。把握准了不同年龄段、不同人群的特点，投其所好，交友自然变成一件容易的事情。

京城"火花"富豪——吕春穆就是通过火花交友发家致富的。他原是北京一所小学的美术教师。一天他在杂志上看到有人利用收集到的火柴商标引发学生们学习兴趣和创作灵感的报道，他决定收集火花。于是，他展开了广泛的交际活动。首先油印了两百多封言辞中肯、情真意切的短信发到各地火柴厂家，不久他就收到六七十个火柴厂的回信，并有了几百枚各式各样的精美的火花。

此后，他主动走出去以火花为媒，以火花会友。1980年，他结识了在新华社工作的一位朋友。这位热心的花友一次就送给他二十多套火花，还给他提供信息，建议他向江苏常州一花友索购一本花友们自编的《火花爱好者通信录》，由此他欣喜地结识了国内一百多位未曾谋面的花友。他与各地花友交换藏品，互通有无。他利用寒暑假，遍访各地藏花已久的花友，还通过各种途径与海外的集火花爱好者建立起联系。就这样，在广泛交往中他得到了无穷无尽的乐趣和享受，同时也为他成名创造了机会。

他先后在报刊上发表了几十篇有关火花知识的文章，还成了《北京晚报》"谐趣园"栏目的撰稿人。他的火花藏品得到了国际火花收藏界的承认，他本人也加入国际性火花收藏组织。1991年他的几百枚火花精品参加了在广州举办的

"中华百绝博览会",他以十四年的收藏历史和二十万枚的火花藏品,被誉为"火花大王"而名扬京城、独领风骚。

吕春穆主打的就是"兴趣爱好"这张牌。通过兴趣爱好结交到了一群志同道合的朋友,又通过这群志同道合的朋友做成了许多他一个人做不成的事情。这就好比是母鸡下蛋,喂好了母鸡,它就愿意为你下蛋,下了蛋就能孵化更多的母鸡,下更多的蛋。

人脉箴言

人际关系就像一张无形的大网,各条网线之间彼此相连,有些你并不直接认识的人,通过几道关系的牵线搭桥就能联系上了,关键在于你是否主动是否勤快。

识时务的人脉才是好人脉

人们总是说:"长江后浪推前浪,前浪死在沙滩上。"其实前浪之所以先死,是因为其同河流和风向的关系没有处理好,这些前浪要是跟风向的关系好了,风向忽然一转,那先死的不就是后浪了吗?在一个社会组织中做人同样是这个道理。

我们看史书和一些历史剧,往往会发现有一些做臣下的,无论换了哪个皇帝依然是大红大紫,官位一样稳固,这就是所谓的几朝老臣。他们不仅仅是因为活得久而挂个空职位的几朝老臣,其实很多人都一直掌握着实权,并且在不当政后还能全身而退留下一个好名声。究其原因,关键在于无论换了哪个皇帝,他们都能很好地揣摩上意,都能和皇帝搞好关系。

张廷玉,字衡臣,清朝安徽桐城人,康熙年中进士,在康熙王朝登上了内阁学士的高官位置;在雍正王朝,更是大得雍正青睐,先后当过礼部尚书、户部尚书、保和殿大学士,职同宰相。雍正王朝是个短命王朝,只有短短的十三年。于是张廷玉又在乾隆王朝当上内阁大学士,仍是位同宰相这样级别的官职……他前后居官五十年,居首屈一指的宰相席位达二十四年，是真正的三朝宰相……张廷玉卒年八十四岁，富贵寿考，为清代之最。他又是怎样适应"一朝天子一朝臣"的巨大变化的呢？

归根结底一句话："改变自我，适应君王。"我们只需看看张廷玉是怎样适应君王的不同爱好就知道了。

在整个清王朝中，康熙可算得上是一个英主，他在位六十年，文治武功，开创盛世。从康熙十三年起至康熙四十六年。康熙前前后后六次巡幸江南。但他的巡幸勤于公事，不讲排场，主要是为了考察河道的整修情况，以及江南的吏治民情。康熙巡幸江南所用之开销，所需费用及供应物品，大多数出自内务府。而每次巡幸所带的随从人员，也只有二三百人而已。

张廷玉参加了康熙六次巡幸中的后三次，几乎每次都由张廷玉起草有关文告，原因很简单，张廷玉从生活习惯上差不多与康熙一致。康熙觉得"衡臣对心思"，所以总是命他起草相关文告……他也就不遗余力，完全按照康熙的生活准则，严格规定拒绝地方官员布置豪华供应，要求地方长官以勤政爱民的具体政绩来接受康熙的考核与检查。

康熙一看，总是大加赞赏地说："就要这样，衡臣懂朕的心思。"

这样一来，康熙自然就把张廷玉当作心腹近臣来看待了。

康熙一死，儿子雍正继位，雍正是一个十分古怪的人，脾气暴躁，手段狠辣，不苟言笑，甚至连声色之娱都尽量回避。许多臣子对雍正的这一套作风不习惯，张廷玉却说："天子就是天子，你不能要求天子去学臣下，而只能要求臣子去适应天子。"

在这方面，张廷玉费了不少心思，分析雍正的特殊爱好，然后投其所好。

雍正嗜好鼻烟，钦定鼻烟壶式样；欣赏眼镜，用于奖励臣子；玩狗成痴，频制狗衣；事必躬亲，工而不厌，等等。

张廷玉几乎是按照雍正的各个个人喜好，各有贡献，比如雍正喜好鼻烟，张廷玉就搜集各种烟壶献给雍正定夺……雍正喜好用眼镜奖赏给臣工中的近视眼，张廷玉就给他准备各式各样的眼镜，供雍正选来奖赏臣工……总之，雍正爱好什么，张廷玉就搜集和贡献什么，当然大得雍正的青睐。

到了乾隆王朝，皇上的兴趣爱好又变了。乾隆也学他祖父康熙的样子，在他在位的六十年内，多次巡游江南，但是乾隆巡游江南的主要目的不是出于勤政，而是为了寻欢作乐。

乾隆与康熙不大相同，他最爱铺张，讲究豪华，沿途官府勒索，百姓怨声载道。他的随从人员，不是康熙巡幸时的二三百人，而是两三千人。地方官接待圣驾，更是怠慢不得半点。张廷玉看出了乾隆崇尚奢华的弱点，于是以"年老"为由，拒绝与乾隆同去江南巡游。

乾隆六下江南巡游，总花销二千多万两银子，这无疑给朝廷财政增加了极大负担，更给沿途百姓造成了极大危害。

张廷玉赶上了乾隆六次游江南的前三次，但他一次也不参加，与其他许多大臣千方百计想跟乾隆游一次江南不同，张廷玉只是口头上叫好，赞同乾隆对江南的巡视，但是以自己年迈体弱为由，从来没有跟随乾隆去过江南。张廷玉很聪明，这样做既不会让乾隆讨厌自己，又能保住自己的晚节，不至于被后人唾骂。作为"三朝元老"，张廷玉迅速改变自己的爱好以适应新君王的兴趣，有所为有所不为实在是太重要了。

当今也是一样，公司领导、政府领导换了又换，公司大老板走马观花，今天这个注资，明天那个退出是常有的事。一朝天子一朝臣，要把握领导的喜好，顺着他的意思来做，这当个几朝元老就绝对没有问题了。很多领导都有个毛病，喜欢把前任的政策推倒重来，他想推倒就让他推去，你反对也没用，还会成为他的眼中钉。即使领导的做法是错的，自有有实力的人去反对，自己就算了吧，还是躲在幕后稳定地握着实权的好。

人脉箴言

能做"几朝老臣"是一件很不容易的事情，尤其是做了几朝老臣还能全身而退就更不容易了。关系越发展长久，越要淡定从容，作为"老臣"，不要想着自己资历老，就可以捞上一笔，就可以居高临下，这最容易导致晚节不保。

第二章
你认识多少人不重要，重要的是多少人认识你

俗话说：「人靠衣装马靠鞍。」看看那些在晚宴上打扮得花枝招展的名媛们，总是全场瞩目的焦点，整个晚上不断有人前去搭讪，其中不乏有实力者。这是自然规律，想要建立人际关系，要么你有优势，要么你万众瞩目。

想要好人脉？那就先拿出最好的自己

俗话说："人靠衣装马靠鞍。"看看那些在晚宴上打扮得花枝招展的名媛们，总是全场瞩目的焦点，整个晚上不断有人前去搭讪，其中不乏有实力者。这是自然规律，想要建立人际关系，要么你有优势，要么你万众瞩目。

即使你不愿承认，你也不得不承认，在这个社会中，"强势"的人不用主动去联络，各种利益关系会自动找上门，这样的情况自古有之，所以并没有什么大惊小怪的。《邹忌讽齐王纳谏》中邹忌就曾向齐王说过："臣诚知不如徐公美。臣之妻私臣，臣之妾畏臣，臣之客欲有求于臣，皆以美于徐公。今齐地方千里，百二十城，宫妇左右莫不私王，朝廷之臣莫不畏王，四境之内莫不有求于王。"但是并不是人人都能做"邹忌"，做"齐王"，更多的人只是"徐公"。

徐公自然有徐公的办法，那就是他的个人魅力。如果我们无法做到像齐王那般，就要设法展示自己，让自己变得有吸引力，有向心力，才能让更多的人注意你、靠近你，你也才能建立更多的人际关系。简而言之，就是要让自己在人群中显得与众不同、高人一等。

有一个落魄少年，到城里来谋生，梦想成为一位富翁。由于没有什么技能，他连找份工作都很困难，更不用说发财了。他来到摩天大楼的工地，向衣着华丽的承包商请教："我应该怎么做，长大后才能跟你一样有钱？"

承包商看了少年一眼，只是给他讲了个故事："有三个工人在同一工地工作，三个人都一样努力，只不过，其中一个人始终没有穿工地发的蓝制服。最后，这三个工人一个成了工头，另一个工人已经退休，而那个没穿工地制服的工人则成了建筑公司的老板。"

少年满脸困惑，听得一头雾水，于是承包商指着前面那批正在脚手架上工作的工人对男孩说："看到那些人了吗？他们全都是我的工人。但是，那么多的人，我根本没法记住每一个人的名字，有些甚至连长相都没印象。但是，你看他们之中那个穿着红色衬衫的人，他不但比别人更卖力，而且每天最早上班，最晚下班，加上他那件红衬衫，使他在这群工人中显得特别突出。我现在就要过去找他，升他当监工。年轻人，我就是这样成功的，我除了卖力工作，表现得比其他人更好之外，我还懂得如何让自己与众不同以获取成功的机会。"

能不能靠上关系，取决于你的受重视程度；能不能受重视，则取决你的受关注程度。受人关注和建立关系之间有着必然而直接的联系，尽量让自己光鲜亮丽，把自己好的一面暴露在镁光灯下，其实那些有关系的人更希望同优秀的人打交道。

《乱世佳人》是好莱坞历史上最伟大的影片之一，它所产生的影响传承至今，直到现在还有很多人把它奉为经典。尤其影片中扮演女主角郝思嘉的女演员费雯·丽更是一炮走红，成为好莱坞历史上最伟大的女演员之一。可是当年郝思嘉这个角色，差点与费雯·丽擦肩而过。当年电影《乱世佳人》开拍的时候，主角郝思嘉的人选却迟迟没有确定下来，导演试镜了上百名演员，都觉得不满意。

当时，毕业于英国皇家戏剧学院的女演员费雯·丽一心想争取出演剧中的女主角——郝思嘉。但在当时，费雯·丽还是一名默默无闻的演员。她曾经数次向导演毛遂自荐，都遭到了导演的拒绝，并告诉她不要异想天开，郝思嘉这个角色是不可能交给一个默默无闻的演员的。虽然屡次吃了闭门羹，但是费雯·丽并没有放弃，她天天都在想怎样才能让导演知道"我就是郝思嘉"呢？

一天晚上，刚拍完《乱世佳人》的外景，制片人大卫又为寻找"郝思嘉"的合适人选而愁眉不展。旁边的费雯·丽也看到了制片人的神态，她觉得机会来了，她要让制片人注意到自己，并争取能和制片人搭上话，为自己赢得一个试镜的机会。

于是，她找来了一个男性朋友帮忙，告诉了这位男性朋友该如何做。过了一会儿，制片人看见一男一女走上楼梯。男的他认识，那女的是谁呢？只见她把自己扮装成了郝思嘉的样子。

这时，只听见这个男的突然对着制片人大喊一声："喂，大卫，请看看郝思嘉！"

制片人大卫猛地一下被惊住了："我的天呀，这不就是活脱脱的一个郝思嘉吗！"

大卫很兴奋，慌忙问这个男的这位女士是谁，怎么以前没有见过，希望她能去试镜郝思嘉这个角色。

就这样，费雯·丽与这位制片人有了谈话的机会，在谈话中制片人发现了费雯·丽的才能，就这样她被选中了。

其实很多时候不是我们的能力不行，而是还没有出现一个展示我们能力的机会。不过，机会是要靠我们自己争取的，如果只是一味地等待，效果肯定不好。在争取机会的时候要看准关系，谁有利于我们得到机会，我们就在谁面前"表演"，谁有利于我们取得成功，我们就争取谁的注意。

人脉箴言

其实，每个人都是演员，只是演技有优劣之分罢了。演得好的，顺着关系爬上去了；演得拙的，还得在台下多练几年。导演挑选演员无非也就是靠自己的感觉，只要你在导演面前会演会表现，何愁主角不是你。当然，前提是你能不能让导演注意到你。

低头，是为了更好地抬头

历史上真正的强者，都是先从屈服做起的，就像弹簧一样，缩得越多，日后弹得越高。

老子在《道德经》中说："大直若屈"，后明代憨山大师注解这个词说："大直若屈者。若一气浩然，至大至刚，可谓直矣。然潜伏隐微，委曲周匝，细入无间，故若屈。由若屈，故能伸其生意也。"

一个真正为人正直的人，是不拘泥于形式的，他们会视情况而论，能屈能伸。该屈的时候就要屈，屈才能生巧，巧才能成事。能屈能伸的人才是真正的高人，才是真正适应了这个社会的人，那些总是表现得很强硬的人与那些总是胆小怕事的人最终都会被社会所抛弃。

西汉人张良有一段圯上受书的故事。有一天，张良到下邳的圯桥上游玩，有个老头儿走过来时，故意把鞋子扔到桥下去，并对张良说："把鞋子捡上来。"张良大吃一惊，想要揍他。但那老头儿看起来年纪很大，张良强忍着怒气把鞋子捡了上来，交给了老头儿。老头儿穿上鞋，说："孺子可教。五天后的早晨跟我在这儿见面。"张良感到奇怪，跪下说："好吧。"等他抬起头时，老头儿已经不见了。五天后，张良来到桥头，老头儿已先到，看见张良很生气地说："你来迟了，为什么？五天后再见。"五天后，鸡啼时张良去了，老头儿又先到，并愤怒地说："为什么又迟到了？你五天后再来吧。"又过了五天，半夜里张良就赶去了，过了好一会儿老头才来，老头儿高兴地说："应当这样。"于是拿出一本书交给张良，说："你读了这本书，就能做大王的军师。"说完不见了。天亮时，张良打开书一看，原来是《太公兵法》。张良刻苦攻读，后来，他辅佐刘邦取得了天下，刘邦说："在帷幄之中谋划，在千里之外打胜仗，我比不上张良。"张良被后人称为汉代三杰之一，被刘邦封为留侯。

大直若屈者，能让人看见你的谦逊，谦逊的人容易得到别人的肯定与褒奖，这样的肯定与褒奖正是一个人走向成功所需要的。俗话说："没有一番寒彻骨，哪来梅花扑鼻香。"人生不经历一个低潮的屈服期，是不可能走向成功的，即使成功了你若是没有这段经历，同样很快又会失败。

费勒南·华伦——一位商业艺术家，他用以屈求伸的技巧，赢得了一位暴躁易怒的艺术品主顾的好印象。"精确，一丝不苟，是绘制商业广告和出版物的最重要的品质，"华伦先生事后说，"有些艺术编辑要求他们所交下来的任务立刻实现；在这种情形下，难免会发生一些小错误。我知道，有一位艺术组长总喜欢从鸡蛋里挑骨头。我离开他的办公室时，总觉得倒足胃口，不是因为他的批评，而是因为他攻击我的方法，最近我交了一篇仓促完成的稿件给他，他打电话给我，要我立刻到他办公室去。当我到办公室之后，正如我所料——麻烦来了。他满怀敌意，高兴有了挑剔我的机会。他恶意地责备了我一大堆——这正好是我运用所学进行自我批评的机会。因此我说：'某某先生，如果你的话不错，我的失误一定不可原谅，我为你画稿这么多年，实在该知道怎么画才对。我觉得惭愧。'"

"他立刻开始为我辩护起来：'是的，你的话并没有错，不过毕竟这不是一个严重的错误。只是……'"

"我打断了他。'任何错误，'我说，'代价可能都很大，叫人不舒服。'"

"他开始插嘴，但我不让他插嘴。我很满意。有生以来我第一次在批评自己——我喜欢这样做。"

"'我应该更小心一点才对，'我继续说，'你给我的工作很多，照理应该使你满意，因此我打算重新再来。'"

"'不！不！'他反对起来，'我不想那样麻烦你。'他赞扬我的作品，告诉我只需要稍微修改一点就行了，又说一点小错误不会花他公司多少钱；毕竟，这只是小节——不值得担心。"

"我急切地批评自己，使他怒气全消。结果他邀我同进午餐，分手之前他给了我一张支票，又交代我另一件工作。"

每个人都是从小处做起的，没有谁生来就是"王者"，当回忆起年轻时候的努力打拼经历时，你就会发现其实这就是一个屈服的经历，屈服于现实，屈服于身份，屈服于社会。但是大家都知道屈服只是暂时的，没有这段屈服的经历，就没有日后的辉煌成就。

人脉箴言

人们都喜欢把别人"踩在脚下"的感觉，这种感觉是很"美妙"的，所以人们喜欢让人屈服于自己。当一个人顺利地成为"强者"

后，他就会不由自主地想去帮助"弱者"，以展示他强大的实力。"强者"的这一心理弱点正是我们在实力不济时为什么要选择屈服的原因，因为它能让我们顺着这种帮助，在日后把所谓的"强者"踩在脚下。

要找到人脉大网的关键结点

每一件事情都在变化，每一种关系也都在变化，事物总是此消彼长，今天是他当权，说不定明天就是你当政。一旦自己的实力处于下风时，就应该做出一些忍让，不要把关系搞僵了，否则对日后的出头很不利。

俗话说："山不转水转"，把这句话运用到人际关系上，"山"就是靠山，就是你要倚仗的关系人；"水"就是你自己，就是你维护关系的方法。山永远是牢靠坚固的，它能把水流分割开，水流只有让着山势绕道而行，要是一头撞上去，保准是个水花四溅，七零八落。同样的道理，当情况对我们不利时，就要做出让步，要把关系稳住了，把关系人抓牢了，出头之日肯定会有的。

武则天年方十四，被唐太宗召入宫中，不久封为才人，又因性情柔媚无比，被唐太宗昵称为"媚娘"。当时宫中观测天象的大臣纷纷警告唐太宗，说唐皇朝将遭"女祸"之乱，某女人将代李姓为唐朝皇帝。种种迹象表明此女多半姓武，而且已入宫中。唐太宗为子孙后代着想，把姓武之人逐一检点，做了可靠的安置，但对于武媚娘，由于爱之刻骨，始终不忍加以处置。

唐太宗受方士蒙蔽，大服丹丸，虽一时精神陡长，纵欲尽兴，但过不多久，便身形槁枯，行将就木了。武则天此时风华正茂，一旦太宗离世，便要老死深宫，所以她时时留心择靠新枝的机会。太子李治见武则天貌若天仙，仰慕异常。两人一拍即合，山盟海誓，只等唐太宗撒手，便可仿效比翼鸳鸯了。

当唐太宗自知将死时，为了确保李家江山的长久万代，就想让颇有嫌疑的武则天跟随自己一同去见阎罗王。临死之前，他当着太子李治的面问武媚娘："朕这次患病，一直医治无效，病情日日加重，眼看着是起不来了。你在朕身边已有不少时日，朕实在不忍心撇你而去。你不妨自己想一想，朕死之后，你该如何自处呢？"

武媚娘冰雪聪明，哪还听不出自己身临绝境的危险。怎么办？武媚娘知道，此时只要能保住性命，就不怕将来没有出头之日。于是她赶紧跪下说："委蒙圣上隆恩，本该以一死来报答。但圣躬未必即此一病不愈，所以妾才迟迟不敢就死。妾只愿现在就削发出家，长斋拜佛，到尼姑庵去日日拜祝圣上长寿，聊以报效圣上的恩宠。"

唐太宗一听，连声说"好"，并命她即日出宫，武媚娘拜谢而去。一旁的太子李治却如遭晴空霹雳，动也动不了。唐太宗却在自言自语："天下没有尼姑要做皇帝的，我死也可安心了。"

李治听得莫名其妙，也不去管他。借机溜出来，去了媚娘卧室。见媚娘正在检点什物，便对她呜咽道："卿竟甘心撇下了我吗？"媚娘道："主命难违，只好走了。""了"字未毕，泪如雨下，语不成声了。太子道："你何必自己说愿意去当尼姑呢？"武媚娘镇定了一下情绪，把自己的计策告诉了李治："我要不主动说出去当尼姑，只有死路一条。留得青山在，不怕没柴烧。只要殿下登基之后，不忘旧情，那么我总会有出头之日……"

太子李治佩服武媚娘的才智，当即解下一个九龙玉佩，送给媚娘作为信物。太子登基不久，武媚娘果真再次进宫。在这件事中，武媚娘的机智之处在于，危难面前能迅速分清主次，并能果断地"撤退"，从而保住自己的性命。时机一旦成熟，武则天果断地由退转进，成为中国历史上声名赫赫的一代女皇。

武则天很聪明地抓住了李治这根救命稻草，虽然自己迫于唐太宗的威严出家为尼，但是只要和李治的关系不倒，何愁大事不成。人情有高潮期就有冷淡期，不可能两人之间的关系一直很火热，哪怕是夫妻之间也做不到这一点。一旦发生冲突，就要主动退让，趋利避害，只要关系不断，今后朋友还是朋友，哥们还是哥们。

　　唐顺宗还是太子时，就慨然以天下为己任。他曾对东宫僚属说：我要竭尽全力，向父皇进言革除弊政的计划。他的幕僚王叔文听了他这一番话便提醒他："作为太子，首先应该做的事便是尽孝道，应多向皇上请安，问起居冷暖之事，应少谈国家大事，况且改革又是非常棘手的问题。你这样过分热心，别人就会把你看成是追名逐利之徒，用改革来招揽人心。如果陛下因此事对你产生疑心，你如何解释这些呢？"太子听后立刻省悟过来，于是之后便沉默寡言，不再像以前那样动辄豪言壮语了。

　　德宗晚年荒淫专制，而太子始终不声不响，因此没有招来众多的灾祸，这样，德宗也不以为太子有逼他退位之心，直到他死之后，太子顺利继位，这才有了唐朝后期十分有名的顺宗改革。

人脉箴言

　　必要的时候，应该放弃所有可能牵绊你的东西，只要牢牢把握住你的关系人，一切都还有机会。人与人之间有分就有合，有好就有坏。其实大家都想把关系和好，只不过是看谁先主动罢了，谁主动谁在今后的相处中就更有发言权。

你的样子才不是求人办事该有的样子

　　要论起人情世故、交际客套，中国人的讲究最多，过程也最复杂。就拿一句"你吃过饭没"来说，在中国是一句很常用的客套话，可是却令所有初到中国的外国人大为不解。中国人有中国人的固定交往模式，尤其是求人办事，讲究一些也是必要的。

　　著名文学大师林语堂在总结中国人求人办事时写道，求人办事就像写八股文一样，都是按照固定的模式，固定的方法套用，超出了这样的模式就会被说成不懂礼数，事情自然也是办不成的。

中国人办事很少像洋人"此来为某事"那样直截了当开题，因为这样不风雅。如果是生客就更显得冒昧了。中国人相当讲究在话里做文章，有着八股般起承转合的优美。不仅有风格，而且有结构，中国人求人办事的过程大概可分为四段。

第一段是寒暄、评气候。诸如"尊姓""大名""久仰""夙违"及"今日天气"皆属于此类。林语堂称之为气象学的内容，其主要起到了"来则安之，位安而后情定"的作用，即联络感情。这些内容在人们生活空间中确实也有很大的共同性，不至于遭到抗拒。

第二段是叙往事、追旧谊。这就更深一层了，要从大众皆有的生活空间过渡到彼此较为特殊的那一块，是深入的过程。林语堂戏称之为"史学"。"也许有你的令侄与某君做过同学，也许你住过南小街，而他住过无量大人胡同，于是感情便融洽了。如果，大家都是北大中人，认识志摩、适之，甚至辜鸿铭、林琴南……那便更加亲挚而话长了"。这一段叙得好，双方感情会更融洽。

第三段是谈时事、发感慨。这可是政治学了。"感情既洽，声势斯壮"，于是便可联手出击，可进入侃的境界。纵横的范围广，包括有中国与各国之间的博弈，中国的经济，对于诸政治领袖之品评，等等。比如今年趁着政策又买了几套房，黄金又涨价了，国家又出台政策汽车购置税减半了。这一段做得好，感情更为融洽，声势又壮，甚而至于相见恨晚，到了两肋插刀的程度。至此，可认为到了陡然下笔，相机言事之际。除了谈论时事，还可以谈论一些双方都感兴趣的事情，尤其是对方感兴趣的事情，总之但凡能调足对方胃口，让对方高谈阔论的事情，皆可尽力多说。

于是，这第四段就叫经济学——奉托"小事"。可客气地起立，寒暄几句，然后转道：现在有一小事奉烦。先生不是认识某某吗？可否请写一封介绍信云云。这一段要自然随意，不要给对方造成很大的压力或使对方觉得自己该欠他多大的情，而是要利用前叙铺垫，陡然收笔。

如此四段，把中国人求人办事的方法刻画得惟妙惟肖，十分形象。不可否认很多人求人办事基本上就是沿袭着这个套路来的，而被求之人也很吃这一套。感情的距离会随着这四步逐渐拉近，步步加深，最终听到求人办事的话语也不会感到突然，抵触情绪也会少了很多。

人脉箴言

求人办事的过程就是一个托关系的过程，自己是求人的一方，自然处于被动，所以这规矩就应该遵循。在没有十足把握的情况下，最好还是遵守这一套求人办事的方法，不要去讲求标新立异而是要求稳。

人脉是互惠互利的平等交易

损人不利己的事情不能做，损己而人我两利的事情要多做，以自己的面子换取别人的面子就是这样一件事。

《旧唐书》中言道："为政者理则可矣，何必严刑树威。损人益己，恐非仁恕之道。"意思是说：这当官的应该以理服人，不要以严刑和威严恐吓人，这样损人利己的事不是解决问题的方法。不仅为官者应该这样，人人都应该如此。试想一下，如果是你被人当众脱掉裤子，打上三十"杀威棒"，你会做出什么反应？当众打人"杀威棒"无疑是最不给人面子的一种做法，而且让人连一片"遮羞布"都没有，别人要是不报此仇才怪了。

同样，在人际交往中，我们即使想要抬高自己，也没有必要通过贬低他人来达到目的，这会让人感觉你这个人不可交往，目中无人。损人不利己简直是搬起石头砸自己的脚，所以在给自己争面子的时候，也要替别人争面子，只要双方都赢得了面子，好事才能办成。

三国名将关羽，过五关，斩六将，温酒斩华雄，匹马斩颜良，偏师擒于禁，擂鼓三通斩蔡阳。然而，这位叱咤风云、威震三军的一世之雄，下场却很悲惨，居然被吕蒙一个奇袭，兵败地失，被人割了脑袋。

关羽兵败被斩的最根本原因是蜀吴联盟破裂，吴主兴兵奇袭荆州。吴蜀联盟的破裂，原因很复杂，但与关羽本身的骄傲有着密切的关系。

诸葛亮离开荆州之前，曾反复叮嘱关羽，要东联孙吴，北拒曹操。但关羽对这一战略方针的重要性认识不足。他瞧不起东吴，也瞧不起孙权，致使吴蜀关系紧张起来。关羽驻守荆州期间，孙权派诸葛瑾到他那里，替孙权的儿子向关羽的女儿求婚，"求结两家之好""并力破曹"，这本来是件好事。以婚姻关系维系补充政治联盟，历史上多有先例。如果关羽放下高傲的架子，认真考虑一番，利用这一良机，进一步巩固蜀吴的联盟，将是很有益处的。但是，关羽竟然狂傲地说："吾虎女安肯嫁犬子乎？"

关羽的骄傲，使他吃了一个大大的苦果，最终被盟友结束了生命。

东西可以乱吃，话不能乱说。关羽这一句话把孙权伤得脸面全无，而且这话还是让孙权的属下传给孙权的，这更让孙权这个一国之君在属下面前丢了面子。不嫁就不嫁嘛，又何必如此出口伤人？这样一来，孙权即使再考虑到双方盟友的利害关系也是忍不住了，不办了他关羽才怪。

俗话说：蚊虫遭扇打，只因嘴伤人。很多时候，话语是最伤人的东西，也是最能体现一个人损人程度的东西，公开场合要管好自己的嘴巴，千万不要在言语上损了别人的面子。

温莎公爵有一次在英国王室宴请印度当地居民的首领。宴会结束时，侍者为每一位客人端来了洗手盘。精巧的银质洗手盘里盛着干净的水。印度客人们以为是喝的水，就端起来一饮而尽。作陪的英国贵族们顿时惊得目瞪口呆，大家纷纷把目光投向了主持人温莎公爵。只见温莎公爵神色自若，一边与客人谈笑风生，一边也端起面前的洗手水，像客人一样"体面而痛快"地一饮而尽，宴会取得了预期的成功。温莎公爵如此"作践"自己，不仅使本来可能造成的难堪与尴尬顷刻化解，也使宴会取得了预期的成功；更重要的是，此举使英国国家的利益得到了进一步的保证。

我们应当把别人的面子放在第一位，把它当作一种习惯，只要养成了习惯，以后无论发生什么事情，你就不会只顾自己的面子而不顾别人的面子了。

人脉箴言

给别人面子就是给自己面子。别人做错了什么事不要当面损人，尤其是客人，更应该包容他们的不当行为。不要怕失了自己的身份，重要的是让客人赚足面子。只要给够了别人面子，就是做了一件对人对己都有利的事情。

偶尔背背"黑锅"也无妨

有时候我们会遇到这样的情况：明明自己没有错，结果偏偏受到他人的非议，自己有口难辩，有苦难言，这真是"哑巴吃黄连，有苦说不出"。不要为此苦恼，适当地忍一忍，黄连虽苦，等到药性发作后将病医好了，就是无尽的甘甜。

《论语·卫灵公》中言道："小不忍则乱大谋。"如果连一点小小的损失也忍受不了，那一定会坏了大事，这样的人是成不了大业的。替上司背背"黑锅"，受到上司无端的责备，这些都是小事，小事就应该忍一忍。平时经常听到别人劝导自己，"忍一时风平浪静，退一步海阔天空"，如果事事都要强出头，到头来只会使自己头破血流。

领导有时候可能是因为顾全大局，才会找个"替罪的羔羊"，这个时候如果你能替领导"分忧"，领导自然会对你另眼相看，关系也会跟你走近不少。即使你帮忙替上司背了黑锅，也只是会受到一些责备，上司心里明白是你在帮忙背黑锅，自然会暗地里照顾你。在这一方面当领导秘书的做得最为出彩，可能领导什么也不需要说，秘书已经心领神会了。

秘书科的小李在接到一家客户的生意电报之后，立即向经理做了汇报。可就在汇报的时候，经理正在与另一位客人说话，听了小李的汇报后，他只是点了点头说："我知道了"，便继续与客人会谈。两天以后，经理一个电话把小李叫到了办公室，怒气冲冲地质问小李为什么不把那家客户发来的电报内容告诉他，以至于耽误了一大笔交易。莫名其妙的小李本想向经理申辩两句，表示自己已经向他及时做了汇报，只是当时他在谈话而忘了。可经理连珠炮式的指责简直使她没有插话的机会。而且，站在一旁的经理办公室主任老赵也一个劲儿地向小李使眼色，暗示她不要申辩。这更加弄得小李糊涂不解。经理发完火后，便立即走了。

等经理走远了，老赵才告诉小李，如果你当时与经理申辩，那可就大错特错了。听了老赵的话，小李更是丈二和尚摸不着头脑，弄不清其中的奥秘。事情过了很久，小李才慢慢明白了个中的原委。原来，这位经理也知道小李已经向他汇报过了，也的确是他自己由于当时谈话过于兴奋而忘记了此事。但是，他可不能因此而在公司里丢脸，让别人知道因为他渎职，而耽误了公司的一大笔生意，而必须找一个替罪羊，以此来为自己开脱。所以，经理的发怒与其说是针对小李，还不如说是说给全公司听。但是，如果小李不明事理，反而据理力争，不但不会得到经理的承认，而且很可能还会因此而被经理炒了鱿鱼。

有时候背背黑锅是需要的，不仅要背，而且要主动一点。如果你懂得主动为领导分忧解难，领导就会认为你是善解人意的好同志，是个聪明伶俐的好下属，这样的下属不提拔能行吗？背黑锅固然让人难受，不过该忍的还得忍，不该说的也不要说。等到自己真正有那个实力了，背黑锅这种事也就沾不到你的边了。俗话说得好："长江后浪推前浪，一代新人换旧人。"

人脉箴言

背黑锅是一种委曲求全的处世策略，古往今来很多有所成者都是这样走过来的，你也这样走只是循着了成功者的经验罢了，没有人会区别看你。当然有的黑锅实在是太大了就别去背了，太大的黑锅会把你压趴下，连翻身的机会都没有。

第三章
不要把自己的人脉变成无根之树

一位哲人曾经这样说过："一生幸与不幸，关键在于你能否处理好身边七八个人的关系。这里所说的身边七八个人，就是我们常说的核心关系网。核心关系网打理好了，无论遇到什么问题，都有人能帮你解决。

圈子决定生活质量

一位哲人曾经这样说过："一生幸与不幸，关键在于你能否处理好身边七八个人的关系。"这里所说的身边七八个人，就是我们常说的核心关系网。核心关系网打理好了，无论遇到什么问题，都有人能帮你解决。

一个人一生能够认识很多的人，会结交大量的朋友，但是这些朋友中，大多数都是边缘的朋友，也就是见面打打招呼、聊聊天的普通朋友。到了关键时候，这些边缘的朋友是帮不了你任何忙的，而只有你自己最常打交道的那个圈子里的朋友才是真正能帮上你忙的人。

一位生物学家曾经做过这样一个实验：往水池中放鱼苗时，如果一瓢舀10条鱼，从放入水池到长大，中间如无死亡，它们始终在一起生活。之后，这些鱼就会一直依循着既不轻易吸收其他的鱼进入这个圈子，也不会有任何一条鱼轻易脱离它自己生活的圈子。在这方面人也具有与鱼类相似的集群性。

人们一旦进入社会后，在短时间内便会建立一个属于自己的圈子。这个最初建立起来的圈子将是其长时期内交往和主要活动的范围。在这一方面，政治人物表现得尤其突出，核心交往圈里面的人，都是精挑细选、与自己密切相关的人，一旦形成就要牢牢地强化，圈稳了不放。

晚清重臣曾国藩就非常注重经营自己的圈子。他虽然廉洁自守，把廉和勤看作居官治政的第一要义，可是既然在官场，他也不能免俗，不能不巩固自己的官场圈子，形成自己的利益集团。事实上，他所结交的同盟，也是当时最大的，他用其庞大的关系网，来保证两点：一是进可以大规模按自己的意志施政；二是退可以用来自保其身。这样的为官之道，颇有些战国时代合纵连横的味道。

　　曾国藩的人际圈子中，大约有几十人，这几十人中主要是其湖南老乡，他们均为湘军将领和幕僚。由于有曾国藩这一位统帅，湘军出身的地方封疆大吏能够互相照应，"一方有难，八方支援"。他们编织成一个特殊的关系网，休戚相关，呼吸与共，以致整个晚清时期，地方督抚重要的职位都由湘、淮军将领出任。朝廷有大的变革、动作前都要征询他们的意见，这也成了约定俗成的惯例。如果朝廷治罪一人，则很可能掀起大波澜。除了多年旧部可以联盟互助之外，曾国藩还用联姻的方法，结交各种朋友。

　　文武兼治的罗泽南，是曾国藩早年从学问道的朋友。在罗泽南驰骋疆场身亡之后，他的次子成了曾国藩的三女婿。再比如李元度，是曾国藩患难相依的忘年交，几次舍死保护曾国藩，曾国藩本想促成他与九弟曾国荃联姻，后来却成了曾纪泽兄弟的儿女亲家。由于众多部下联手互助，又有如此多的"亲家"帮助，曾国藩如虎添翼，在成就大事中多了几分力量。

　　建立自己的核心圈子固然重要，但是这样一个圈子也是需要经常梳理维护的，要不然圈子不断膨胀，圈中的人越来越多，就不能称其为核心圈子了。梳理核心人际圈，就像是整理名片，当名片的数量增加到一定程度时，你就必须进行整理。把那些仍然保持联系的和已经中断联系的人际关系区分开来，保证人际关系的质量而不是数量，不适合自己的该抛弃就要抛弃。

人脉箴言

　　核心交际圈一旦稳固下来就不要轻易松动，不能随便让人进入。这个核心交际圈都是长期合作的伙伴，今后有什么事情了都要首先依托这个交际圈来寻求解决办法，这样才能达到巩固的效果，圈中成员之间才能相互信任。

说话很简单，关键在于谁说话

企业打广告，看的是影响力，是广告效应，"明星效应"就是广告中最常见的效应。明星在电视里说上一句话，比我们这些平头老百姓说上千句万句都要管用，专家一发言，众人皆会蜂拥而动。

在某个范围内，话语权往往只掌握在少数人的手中，绝大多数人的话都是不起作用的，而那少数几个人的话，哪怕是一句也作用非凡，这可以叫作"精英话语权"。

刘禹锡在《陋室铭》中开宗明义："山不在高，有仙则名，水不在深，有龙则灵。"不管是多高的山，只要山中住着神仙就会出名；不管是多深的水，只要水中有蛟龙，自然有灵性；不管你的话多少，只要你是名人精英，说的话自然管用。话不在多而在精，有些人噼里啪啦说了一大堆结果白费口舌，但找个说话管用的人来只要一句话，就完事了。

求人办事就要找对人，别尽找一些没用的相关人等到处求神拜佛，浪费时间精力不说，还欠下一屁股的人情。只要说动了关键人物帮你办事，你基本上就可以坐享其成了。

1964年，曾主演过《佐罗》的法国电影明星阿兰·德龙首次到日本访问，这件事引起了日本洛腾口香糖公司经理辛格浩的密切关注。此时的"洛腾口香糖"正是销售疲软、资金周转不灵的时期。辛格浩经过一番苦思冥想，派人四处活动，想方设法邀请阿兰·德龙来厂参观，决定利用这一机会做广告，改变一下经营的被动状态。

这一天，全厂张灯结彩，一派节日气氛，公司的首脑人物站在厂门口列队欢迎阿兰·德龙。在辛格浩的精心安排下，五六个怀揣微型录音机的职员充当接待人员，不离阿兰·德龙左右，同时还聘请了录像师把参观的全过程都拍摄下来。阿兰·德龙在参观完配料车间、压制车间后，来到包装车间。在车间里，阿兰·德龙尝了一块口香糖，随口说了一句："我没想到日本也有这么棒的口香糖……"这出于客套的一句话却被欣喜万分的陪同职员录了下来。从当天晚上开始，电视上天天出现一则很惹人注意的广告：阿兰·德龙笑眯眯地尝一小块口香糖……

这则广告立即像磁铁一样吸引了成千上万阿兰·德龙的日本影迷，大家都争先恐后地购买这种口香糖。很快所有商店里的洛腾口香糖都脱销了，库存也一扫而光。辛格浩靠适时变通挽救了他濒临倒闭的公司。

所有的企业在决定找明星代言做广告之前，都要先进行一番详细的市场调查，分析哪个明星最符合该企业的形象、最符合该企业的产品，哪个明星说的话在当下最有影响力、最能受到人们的追捧。只有搞清楚了这些，才能有针对性地投放广告，投放的广告才能达到预期的效果。公司也是一样，在出台一些制度之前，要先调查员工的看法，找那些有影响力的员工发言，这些员工说的话是最符合真实情况也最能被员工们接受的。我们可以把这类人称之为"意见领袖"。

日本玩具公司总裁突然卧病不起，一连几天没有来公司上班。恰好这个时期，公司的经营情况相当糟糕，于是一个谣言便悄悄地在员工中流传开来了：因为经营不善，公司已面临着倒闭破产的危险，连总裁也不来上班，他想辞职不干！这个谣言使全体员工人心浮动，大家纷纷外出另谋出路，公司的生产及销售因此急剧下降。公司副总裁为此特召开全体员工大会，将总裁的病情及公司近期的利润情况一一加以说明介绍，但仍无济于事，大多数员工依然将信将疑，情绪很不稳定。

正在这时，该公司富有经验的坂田经理出差回来了。他闻知此事，立即把员工中的"意见领袖"找来，先耐心地听取他们的想法和意见，然后带他们去医院探望总裁，回来后再把公司近期各种收支报表拿给这些"意见领袖"看。坂田经理的耐心与诚意赢得了这些"意见领袖"的好感和信任。不久，谣言便渐渐平息了。

为什么那位副总裁通过全体员工会议都解决不了的事情，坂田经理通过"意见领袖"就轻而易举地顺利解决了呢？那是因为员工们觉得坂田是"自己人"，既然是自己人，说出来的话当然会为自己人着想，听自己人的话总比听外人的话强多了。话语权不分什么身份地位，凡事在某一点上说话管用的，哪怕他地位很低，他依然是话语权的掌握者，他依然是那口"金钟"，而别人只能当"破锣"。

人脉箴言

俗话说，话不投机半句多。不是人人说话都管用，也不是某个人在所有领域说话都管用。可能有些人在这个领域的一句话能够以一当百，但是换到另一个领域就完全没有作用了，要懂得在不同的情况下找到合适的人来发声。

感情是廉价而又有高昂回报的投资

在中国，很多人把感情看得比什么都重要。因为，在感情上胜人一筹的关系，比在金钱上胜人一筹的关系要牢靠得多，要知道，钱随时可以赚到，但感情却不可以随时购买。

俗话说："生当陨首，死亦结草。""女为悦己者容，士为知己者死"，此中所言无一不是感情因素在起作用。因为感情投资往往能起到异乎寻常的作用，实现"小投资，大回报"的功效。

早在两千多年前，我国著名的哲学家、思想家、政论家韩非子在讲到驭臣之术时，就讲到了赏、罚两个方面。当然这只是手段，要想真正使人心悦诚服，拼力卖命，还得注重感情投资。有时一声平淡的问候，两句关怀的话语，几滴伤心的眼泪便能打动人，它所催生出来的力量不是钞票所能达到的。

生活中，用感情作为一种投资，是众多大领导、大人物屡试不爽的妙招。或许只是电梯口一句"早上好"，或是能叫出某某小员工的名字，向他微笑示意，这些都能在下属心中产生效应，让他觉得受到重视。这种效果是无形的，比什么发点福利、长点工资管用得多。

吴起是战国时期著名的军事家，在他担任魏军统帅时，总能与手下士卒同甘共苦，深受下层士兵的拥戴。当然，吴起付出这样感情的目的是让士卒们在战场上更卖命，多打胜仗。这样他的战功就大了，更有利于升官发财。

一个士兵身上生了个脓疮，吴起竟然亲自用嘴为这位士兵吸吮伤口上的脓。作为一军统帅，吴起这样做足以让全军上下感动不已，而当这位士兵的母亲得知这个消息时，却哭了。有人感到非常奇怪，就问道："你的儿子能得到吴起将军如此的关照，你应该感动才是，为何难过呢？"这位母亲哭诉道："吴起这样做表面上是很爱我儿子，但实际上是为了让我儿子为他卖命呀。当初吴将军也曾为我的丈夫包裹伤口，结果战争中，我的丈夫格外卖力，总是冲锋陷阵。虽然吴起将军屡建战功，但我的丈夫最终却战死沙场。"

"人非草木，孰能无情"，统帅能这般爱护自己的士兵，士兵怎能不为其尽心竭力呢？所以，在战争中士兵总能奋力拼杀，统帅也就能够获得令人瞩目的战绩。对士兵付出的只是一个小小的关怀，但却能由此得来赫赫战功以及升迁，这难道不是一本万利之举吗？有人总是在慨叹，自己身边缺乏像上面故事中吴起那样进行感情投资的机会，实际上并不是他们身边的机会太少，而是他们自己本身并没有这种感情投资的意识。只要足够的细心，哪怕只是送出一瓶冰水，都会让你收益良多。

有一个年轻人想学习开车，他从驾车培训公司请了一名教练，约定一次练习两个小时。在去训练场的路上，年轻人买了两瓶冰水，一瓶留给自己，一瓶准备给教练。

见到教练，两个人相互认识之后，年轻人对教练说："今天的天气很热，您一路上还要不停地和我说话，指导我驾驶，一定会口干舌燥的，我就顺带给你带了瓶冰水。"说完就把水递给了教练。教练显然有些吃惊，却并没有说什么。

练车的时候，在年轻人的要求下，教练带着他练习了倒车、转弯等内容，而实际上这些培训内容并不该出现在当天的练习之中。因为年轻人缴纳的是 60 元/小时培训费，其培训内容只包括简单的上路练习。如果要学习倒车和转弯等内容，需要缴纳的培训费用是 80 元/小时。按理说，面对年轻人的要求，教练本应该拒绝的，可是他不但没有拒绝，还把原来两个小时的训练时间延长到了 3 个小时。而这些，教练都没有多收年轻人一分钱。

感情投资就像是你做生意时的资金投入一样，收到的效果将远远超出你的想象。松下幸之助曾说过："最失败的领导，就是那种员工一看见你，就像鱼一样没命地逃开的领导。"他每次看见辛勤工作的员工，都要亲自上前为其沏上一杯茶，并充满感激地说："太感谢了，你辛苦了，请喝杯茶吧。"或者是一句"希望你好好努力，我们共同奋斗。"虽然只是一句短短的话，却能让员工感受到老板的平易近人，感觉到他是在为自己工作。

人脉箴言

感情投资是花费最少，回报率最高的一种投资。其实利用感情投资获得人心，不仅在现代社会具有重要的作用，在过去或是将来，均有非凡的价值。

没有关系的人脉就不是人脉

成功的关系网绝对不是单向的，它肯定是双向或者多向的结合，各方都要保持一定的联系，不管是利益上的联系还是情感上的联系。不仅如此，关系网还应该是多个层面的，不能仅仅局限于某个层面，这样关系网才不容易僵化。

其实有时候成功的定义不只是你付出了多少的努力，你下了多大的工夫，还要看你有多大的交际能力，有多大的交往范围，要看你能否调动多方关系积极地协调此事。很多时候要办成一件事，不是说靠一个方面的力量就能解决的，它往往涉及多个方面的利益，这就需要你多方沟通，在多个层面交流，最终才能使事情达成。

美国商人图德拉，这个传奇式的人物，就是使用了"蜘蛛结大网"这一求人计策，闯入了原本陌生的石油界。

图德拉原来是加拉加斯一家玻璃制造公司的老板，凭着顽强的毅力，自学成才，将玻璃制造公司经营得红红火火。但他的目标不在这儿，而是一心渴望有一天能在石油生意上有所发展。

一天，他从一个朋友处获悉阿根廷即将在市场上购买二千万美元的丁烷气体，于是他想，何不去努力一番，说不定会弄到这份合同呢？

图德拉来到了阿根廷，发现自己的竞争者竟然都是大名鼎鼎的石油界巨商：英国石油公司和壳牌石油公司。图德拉想到自己单枪匹马来到这儿，既无老关系，也无经验可言，如果与这些大企业家正面竞争，无疑是以卵击石，必然一败涂地，只有避开这些弱点，想出新的计谋，才能取得胜利。

他在当地四处搜寻信息，摸熟了一些情况，还发现了另外一件事，阿根廷牛肉过剩，该国正想不顾一切地卖掉牛肉。图德拉知道这事后，喜上眉梢，心想，这一下我有办法同几家大石油公司抗衡了。

他立刻告诉阿根廷政府："如果你们向我买2 000万美元的丁烷。我一定收购你们2 000万美元的牛肉。"他这个条件对于阿根廷政府来说，正是求之不得，为阿根廷政府解除了后顾之忧。于是图德拉和阿根廷政府签订了这份合同。

图德拉得到合同后，马上飞往西班牙，因为他已经了解到那里有一家造船厂因缺少订货而濒临于倒闭。这是西班牙政府政治上面临的一个棘手而敏感的问题，他告诉这家造船厂的老板："如果你们向我买2 000万美元的牛肉，我就在你们造船厂订购一艘价值2 000万美元的超级油轮。"造船厂老板听后欣然同意。图德拉随即通过西班牙驻阿根廷大使传话给阿根廷政府，将图德拉的2 000万美元的牛肉直接运往西班牙。

这件事办完后，图德拉离开了西班牙，来到了美国费城的太阳石油公司，向公司提出了自己的建议和要求："如果你们租用我正在西班牙建造的2 000万美元的超级油轮，我将向你们购买2 000万美元的丁烷气体。"太阳石油公司同意了图德拉提出的条件，签订了合同。

就这样，图德拉利用相互需求和彼此制约的关系使各方都接受了他的条件，以连环计闯入了石油界。

要想办好事情，不仅要"吃得开"，重要的还是要抓住问题的症结，搞清楚关系中的各方到底想要得到什么，不想失去什么。没有必要把关系网撒得有多么广阔，只有牢牢地抓住几个相关利益者，知道了各方的利益所在，才能游刃有余于各方之间，才能避讳各方忌讳的问题。

当然，在各种关系网之间绕来绕去不是一件容易的事情，需要有一些谋略，一些谈判技巧。比如上面故事中提到的"先给承诺后解决问题"的方法，其实这也相当于一种"开空头支票"的做法，先给对方一些看不到的"虚假利益"，再通过各种关系来满足对方的利益，这样周而复始，相当于将各种关系都绕了一圈，最终达到多方满意的效果，事情也就办成了。

人脉箴言

老子在《道德经》中说道："道生一，一生二，二生三，三生万物。"人际关系网也是"道"，只要先抓住了最原始状态下的那个"道"，就能像滚雪球一样，越滚越大，关系网越结越厚，越拉越大，从一个人脉资源出发，调动各方人脉。

人心是用人心换来的

中国人最重感情，懂得知恩图报的道理。姑且不管这是出于感恩之情，还是礼尚往来，反正是人们对于他人的恩情知道报答。所以在中国的历史上，就出现了如此多的善于用恩情笼络臣下的帝王，同时也出现了如此多誓死效忠帝王的忠臣。

《三国志》中有"攻心为上，攻城为下"的记载，这样的思想早在春秋战国时期的《孙子兵法》中就有总结。攻城略地，用武力解决问题只是下下策，如果能突破敌人的心理防线，在感情上击垮对手，达到不费一兵一卒就攻占城池的效果，那才是谋略中的上上策。人际公关也是同样的道理，光靠利益诱惑不是长久之计，还是要从感情上着手，建立一个长效稳定的关系。尤其是当领导的，光靠权力威严压制属下只是下下策，这只能让属下口服心不服，要从感情上打动他们，让他们觉得得到了尊重，属下自然会用心工作。

蒋介石在用人统御方面，很有政治家的手腕，很会笼络部属。

蒋介石有一个小本子，里面记载着国民党师以上官长的字号、籍贯、亲缘及一般人不大注意的细节。凡是少将以上的官长，他都要请到家里吃饭，每次都是四菜一汤，简朴之极，作陪的往往只有蒋经国。采用这种不请别人陪客的家宴方式使得对方备感亲近。

蒋介石请部属吃饭后，总要合影。他与孙中山有一张合影，孙中山先生坐着，他站在孙先生背后。他与部属合影也摆这个姿势，其中的用意不讲自明。他常对部属说：

"叫我校长吧！你们都是我的学生。"

如果不是黄埔学生，他也很慷慨地说："哦，予以下期登记吧！"这样就提高了部属的身份，起到了收买拉拢的作用。

蒋介石给部属写信，除了一律称兄道弟外，还用字号，以示亲上加亲，可以说他很懂人情世故。

蒋介石不仅熟记部属的字号、生辰、籍贯，而且对其父母的生日也记得很准。有时，他与某将领谈话时，提起某将领父母的生日，使该将领受宠若惊，深为委员长的关切所震撼。

第十二兵团司令官雷万霆调任他职时，蒋介石召见他说："令堂大人比我小两岁，快过甲子华诞了吧！"

雷万霆一听，眼泪都快流出来了，激动得声调颤抖着说："委员长日理万机，还记着家母生日！"

蒋介石说："你放心去吧！到时我会去看望她老人家，为她老人家添福增寿。"

雷万霆自然死心塌地成了蒋介石的心腹。

当杜聿明在徐州为蒋介石打仗卖命时，蒋介石从小本子上查到杜母的生日，他立即命令刘峙在徐州为杜母举行祝寿的仪式，同时又令蒋经国亲赴上海，为杜母送去 10 万元金圆券的寿礼，并且在上海举行隆重的祝寿仪式。这个消息传到徐州，杜聿明十分吃惊，这不仅是因为蒋介石记得其母的生日并亲自派人祝寿，而且因为陈诚去台湾疗养，蒋介石才批 5 万元金圆券。蒋介石如此厚待杜聿明无非是让杜聿明为他拼命死战。

　　蒋介石用的这些方法看似很平常，却能赢得部下死心卖命，这其中的关键就在于，蒋介石让部下觉得得到了最高长官的尊重爱戴。自尊心是每个人最强烈的感情，受到尊重就是自己得到了别人的认同，这种被认同感能够驱使他们发挥出平时发挥不出的能量，似乎个个以一当百。蒋介石的部下基本都是戎马出身，终日征战肯定觉得最对不起的就是家人，而蒋介石正好就抓住了部下感情上的这个弱点，大做文章，能不让部下感动吗，能不让部下拼死卖命吗？

　　民国年间，身居要职的袁世凯在统御部下方面也很注重感情投资。

　　早在小站练兵时期，他就从天津武备学堂物色了一批军事人才。其中最著名的有三个人：段祺瑞、冯国璋、王士珍。后来这三个人都成了北洋系统中叱咤风云的人物。袁世凯为了让他们对自己感恩戴德，供其利用，可谓煞费苦心。

　　袁世凯在创办新军时，相继成立了三个协（旅）。在选任协统时，他宣布采用考试的办法，每次只取一人。

　　第一次，王士珍考取。

　　第二次，冯国璋考取。

　　从柏林深造回国的段祺瑞，自认为学问不凡，却连续两次没有考取，对段祺瑞来说，只有最后一次机会了。第三次考试前，他十分紧张，担心再考不上，就要屈居人下，心中十分不快。

　　第三次考试的前一天晚上，正当段祺瑞闷闷不乐地坐着发呆时，忽然传令官来找他，说是袁大人叫他去。段祺瑞不敢怠慢，立即前往帅府，晋见袁世凯。袁世凯令他坐下，东拉西扯，说了些不着边际的话。临走，袁世凯塞给段祺瑞一张纸条，段祺瑞心中纳闷，这纸条是什么呢？又不敢当面拆开看。急忙回到家中，打开一看，不觉大喜，原来是这次考试的试题。

　　段祺瑞连夜准备，第二天考试时，胸有成竹，考试结果一出来，果然高中第一名，当了第三协的协统。

段祺瑞深感袁世凯是个伯乐，对于自己有知遇之恩，决心终身相报。

后来，段祺瑞、冯国璋、王士珍都成了北洋军阀政府的要人。段祺瑞谈起当年袁世凯帮他渡过难关的事，仍感恩不尽，谁知冯国璋、王士珍听了，不觉大笑，原来王、冯二人考试时也得到过袁世凯给的这样的纸条。

要想成大事，收买人心很重要。俗话说："得民心者得天下"，所有的事情只要有众人的鼎力支持，没有不成的。怕就怕你太过自私，总是精打细算地思考自己的那点小利益，没有考虑到别人的感情，这种不懂得照顾别人感情的人，自然得不到人们的支持，自然成不了大事。

人脉箴言

不同的方法，同样的思路，袁世凯与蒋介石笼络人心的办法有异曲同工之妙。他们的共同之处其实很简单，就是让部下感觉受到尊重，受到领导的特别爱戴。不仅仅是领导，普通人在交际公关的时候也适合如此做，感情是不花费成本而回报最大的投资，"动之以情"往往比"晓之以理"管用。

滋补人脉，要下"猛料"

身体虚弱了就要补，虚弱的身体不补就容易生病。同样的，人脉疏远了也需要补，关系疏远了不补就损失了既得利益。

关系要定时滋补，它就像一根灯芯，如不及时加油要不了多久就会油尽灯枯。不仅要补，还要大补，补得越好，关系就越到位，就像乾隆跟和珅一样，由于和珅这关系补得营养丰富，以至于乾隆跟和珅几乎都快融为一体了。

高冕在其著的《玄机：清王朝皇权角逐中的平步青云者》一书

中，曾经这样评价乾隆与和珅的关系："俗世层面论，一个是甩手掌柜，一个是出色管家；精神层面论，一个是俞伯牙，一个是钟子期。在世俗王国和精神世界的两端，两人都心心相印难分难离。"两人虽说心意相通，但毕竟君臣有别，这严格的等级关系就注定了乾隆与和珅还是扮演着不同的角色，必然一个是无拘无束地享受，另一个却在穷尽各种滋补之能事，小心翼翼地守护龙颜。

和珅当年未发迹的时候，大学士李侍尧根本看不上他。不料和珅在发达之后，搜罗了不少李侍尧贪赃枉法的证据，一下子就把他告到乾隆帝那里。材料证据俱在，但是李侍尧曾经也送给乾隆帝不少进贡来的宝贝，因此皇帝心里并不想处死他。深谙皇帝心事的和珅及时为皇帝打了个圆场，首先提出判处斩监候，不予处死。尽管其他官吏都坚持立判死刑，但乾隆最终赞成和珅的意见。这样和珅既深得皇帝的喜欢，又达到报复的目的。通过这种方式，和珅巧妙地再一次向皇帝表露出自己的忠心，令皇帝确信，在所有与大臣的"臣脉"中，只有和珅才是最符合自己心意的。和珅懂得要在合适的机会掌握合适的滋补火候，如果他没有打击李侍尧，李侍尧可能就会成为和珅人际关系网中的一个隐患，但如果报复太狠，那么他赖以生养的乾隆爷就会因为拂意而疏离。和珅巧妙地穿梭其间，深得精髓，他的人脉之道也因此香飘后世。

和珅并没因为能够"宠任冠朝列"就沾沾自喜，在接下来与乾隆的逢迎生涯中，和珅自然会适时地煽风点火。他堪称是拉关系的高手，他不但娶内务府大臣、户部侍郎英廉孙女为妻，使得在早期生涯中能够迅速蹿红，而且在乾隆四十五年，乾隆皇帝将年仅六虚岁的十公主许配给和珅独子，待长大后才完婚，并赐未来的驸马为"丰绅殷德"，满语为福泽绵延之意。乾隆视十公主为掌上明珠，万分宠爱，和珅能够攀得这门亲戚可谓风光不少。但和珅觉得与乾隆的关系网络还需要添加更多的辅料，于是接下来，他又将自己的女儿嫁给乾隆帝侄子永鋆为妻，将侄女（其弟和琳之女）嫁给乾隆的孙子绵庆为妻。通过这一系列的联姻交易，和珅和乾隆不断地亲上加亲，关系愈加牢不可破。

有人说，和珅的官场生涯是一个拍马屁和奉承的历史，可谓尽历代阿谀小人之冠。但乾隆又何尝不是一个精明的君主。能够陪伴这样的君主，已经十分难能可贵，想要平步青云，就更加困难了。和珅像一名敬业的大厨师那样，随时都紧紧盯着与乾隆的"龙脉"，小心地守望，在恰当的时候，添汤加火，这样才能保证"龙脉"越老越香。在生活和工作中也会有难得重要的人脉，但人类"健忘的天性"却常常使我们"身在福中不知福"，难道真的要在汤凉了之后才感到遗憾吗？和珅答曰："否，人脉贵在滋补。"

维护人脉资源如同煲汤，煲汤时放的材料多了，烫自然就更浓更补，维护人脉时用心了，关系自然更上一层楼。南方人喜欢煲汤，所以南方人也更长于人脉滋补。如今我们至少有一半的时间是在职场度过的，在职场中的关系维护自然也是一个头疼的问题。想想在办公室里游刃有余，仅仅靠个人魅力和工作业绩是不够的，还要善于维护与其他同事之间的人际关系，注意自己在同事中的口碑，注意自己在领导心中的形象。

人脉箴言

滋补人脉其实并没有什么诀窍可言，关键在你肯不肯放猛"料"，愿不愿多放"料"。想想是不是很久没有给别人去个电话了，是不是朋友最近有什么喜事还没有向他道喜，是不是该请客出来聚聚了。做到了这些，再注意掌握适中的火候，这锅大补的"人脉汤"就算煲好了。

第四章
顾不到脸面，自然得不到人脉

树活一张皮，人活一张脸。树没了皮很快就会死，人丢了脸面什么事情都干得出来。不要试图去尝试让别人丢面子，谁也说不好会出现什么样的事情，做这种事的绝对是蠢人。有时候保住别人的面子比保住他们的钱还重要。

面子是个好东西，每个人都想有

人活一张脸，树活一张皮。树没了皮很快就会死，人丢了脸面什么事情都干得出来。不要试图去尝试你丢了别人面子后会出现什么样的事情，做这种事的绝对是蠢人。有时候保住别人的面子比保住他们的钱还重要。

曹雪芹在小说《红楼梦》、曹禺在话剧《北京人》中，都以生动的笔触，真实地描写了本已败落，但仍不肯放下架子的诸多"世家子弟"形象。在他们看来，如果这些架子一旦不存在，活着还有什么意思？架子实际就是面子，有些人是把面子看得比生命还重要，这就是他们的处世哲学。

> 《墨子·离娄下》记录了这样一个故事：齐国有一个人，娶了一个妻子和一个"偏房"。这位先生祖上也许发达过，可现在不行了，然而他的面子可低不下来，就是在自己的妻、妾面前，也忘不了打肿脸充胖子。于是他对她们说，经常有贵客请他赴宴，而且每次回来都装成酒足饭饱的模样。其实，每天他都来到东门外的一个墓地里，跑到上坟人那里去乞讨剩余的祭品。每天他跑回来都会扬扬自得地在他一妻一妾面前摆出一副不可一世的样子，丝毫也不感觉惭愧。因为在他看来，这样才算有面子，还管什么死要面子活受罪。

有的人之所以囊中羞涩也喜欢打扮，有的人之所以没有能力也要充充场面，关键就在于这些表面上的东西能直接体现一个人的身份，有了身份就是有了面子。所以我们经常在各种高档的场合看见这样的牌子："衣冠不整，恕不接待。"因为是高档场所，哪能因为你的衣着损了它们的格调，可见脸面问题已经上升到一个什么样的高度了。

有一位在某研究所工作的科研人员，在技术与学识上算是十分了不起的，但由于心高气傲，所以尽管年逾不惑，却仍然难以和同志们和睦相处，被大家所孤立。原因是他不管是在学术问题的讨论上，还是在工作方案的安排上，甚至就连日常琐事的看法和处理上，只要别人意见与自己不和，他就与人针锋相对，一点儿也不能容忍，直到把对方说服为止。他觉得自己永远高人一等，意见必然正确无误，别人只有跟着走的份儿，经常是当着众人的面驳斥他人的观点是多么不正确，多么缺乏理论依据。正因为他这样损人面子，所以没有人愿意跟他合作科研项目，领导对他研究的项目成果也很谨慎，导致了他虽有能力，但是始终没什么大的作为。

这个科研人员好面子，总认为自己是对的，对于反对的观点一律不接受；其他人也要面子，一旦这个科研人员损了他们的面子，他们就会孤立他，不与之合作；领导要面子，怕这个科研人员连自己的面子都不给，所以对他的项目很谨慎。面子是个神奇的东西，如果想保证自己的面子，就很有可能伤了其他人的面子，在这种情况下肯定是优先考虑别人的面子。面子是虚的，自己有了面子，却失去了实实在在的利益；别人得了面子，你就得到了实实在在的利益。

俗话说：打人莫打脸，骂人莫揭短。中国人比谁都重面子，中国人可以吃暗亏，也可以明里吃亏，但就是不能吃了亏还让别人知道了，这就是没面子的事。李宗吾在《厚黑学》中总结道，不要在公开场合说别人尤其是上司的坏话，宁可高帽一顶顶地送，这样既保住了别人的面子，别人也会如法炮制，给你面子，这些都是心照不宣的事情。

人脉箴言

既然大家都要面子，就要相互照顾。为了保全脸面，人与人相处就需十分小心，要善于察言观色，领悟别人的话外之音，而不能过分相信自己的直觉。多用用中国人常说的客套话，也就是人们常说的"打官腔"。

人要是没有了脸，和咸鱼有什么区别

中国人太注重面子了，以至于谁要是被驳了面子，心里一定会很不舒服，总会想方设法报复别人找回面子，而别人要是为自己赚了面子，就一定能得到丰厚的回报。这面子的得与失之间所产生的结果简直是冰火两重天。

《史记》中记载，当年西楚霸王项羽兵败乌江畔，只能仰天长啸："纵江东父老怜而王我，我何面目见之!"项羽无颜再见江东父老，他丢了脸面，最终还是自刎了。若是当年项羽不把面子看得如此之重，渡江重整旗鼓，历史说不定会是什么样的呢。

其实，项羽用自刎这种方式来解决丢了面子这件事，危害还算是比较小的，很多人丢了面子后会产生强烈的报复心理。即使他自己找不回丢失的面子，也要让损了自己面子的人不好过，让他也尝尝丢了面子的苦果。所以，我们在平时与人交往的过程中，首先要注意的不是自己的面子问题，而是要考虑到别人的面子问题。

西晋的富豪石崇与王恺斗富，就是典型的面子之争。王恺用麦芽糖掺和米饭擦锅，石崇就用蜡烛煮饭；王恺用紫丝布做布幛四十里，石崇就做锦布幛五十里；王恺用赤石脂涂墙，石崇就用花椒和泥来涂。最后，弄得晋武帝也来帮忙，他赐给王恺一枝二尺高的珊瑚树，枝丫扶疏，世间少见。没想到石崇根本没将它放在眼里，拿起他的铁如意就敲过去，珊瑚树应声而碎，他回头吩咐左右回家取出珊瑚树，让王恺任意挑选，有三尺高的，四尺高的，弄得王恺火冒三丈。两人从此结下了很深的过节。

这石崇为了赚得面子，竟然连皇帝赐的东西都敢砸，还有什么事情做不出来。他比王恺富有，本来是一个事实，他却非比不可。比的结果，自然是他面子十足，王恺却面子尽失，石崇从此失去一个盟友，多了一个敌人，交情就更谈不上了。石崇大可不必做得如此绝，假如他肯留面子给王恺，那就是另一种情形。

西晋时，钟会去拜访嵇康，遭到冷遇，嵇康当时正在打铁，没空理他，"扬链不辍，旁若无人"，钟会被大大地驳了一回面子。他吃不消，于是就去报复嵇康。他向司马昭进谗言，让嵇康上了法场，人头落地。

可见，驳人面子之事不可为。《礼记》中言道"来而不往，非礼也"，更何况别人来捧你的场子，你怎么能驳别人的面子？不但不能驳，还要大大地给足对方面子，比别人给你的还要多。人敬我一尺，我敬人一丈。

古代有很多侠义之士，其中有些人被称为"大侠"，这些人之所以称之为"大侠"，不仅仅是因为他们武艺超群，更重要的是这些大侠善于调解各种矛盾，平衡各方利益，懂得给人面子。古代有位叫郭解的大侠就很会给人面子。

有一次，洛阳某人因与他人结怨而心烦，多次央求地方上有名望的人士出来调停，对方就是不给面子。后来他找到郭解，请他来化解这段恩怨。

郭解接受了这个请求，亲自上门拜访委托人的对手，做了大量的说服工作，好不容易使这人同意了和解。

照常理，郭解此时不负所托，完成了一桩解怨的任务，给足了面子，可以走人了。可郭老兄还有高人一招的棋，他有更巧妙的解决方法。

一切讲清楚后，他对那人说："这个事，听说过去有许多当地有名望的人调解过，但因不能得到双方的共同认可而没能达成协议。这次我很幸运，你也能给我面子，我了结了这件事。我在感谢你的同时，也为自己担心。毕竟我是外乡人，在本地人出面而不能解决的情况下，由我这个外乡人来完成和解，未免使本地那些有名望的人感到丢脸了。"

郭解进一步说："这件事这么办，请你再帮我一次，从表面上要做到让人以为我出面也解决不了问题，等我明天离开此地，本地几位绅士、侠客还会上门，你把面子给他们，成全他们，完成这一美举吧，拜托了。"

不言而明，这就是郭解之所以被称为"大侠"的原因，也是他能够被众人尊敬的原因所在。

丢了银子是小事，丢了面子才是大事。丢了银子以后还能赚回来，丢了面子有可能以后都不能理直气壮地做人了。所以我们在平时的人际交往中，首先要注意到的就是别伤了他人的面子，哪怕别人损失了一些利益，但是只要保住了面子，他同样会感激你。

人脉箴言

不要小看了面子问题，小小的面子有时候能够引发大矛盾，若是在古代，足以引发一场血雨腥风的战争。给人面子就是给自己面子，先考虑到了别人的面子，别人自然会考虑到你的面子，如果先考虑了自己的面子，那别人一定会毫不留情地不给你面子。面子是靠别人给的，不是自己争的。

没什么比被人放在心上更有面子的了

随时留心别人的喜好，并在以后的交谈中狂轰滥炸般地谈论他的喜好，大有恨不得说到明天早晨之势，这样的交谈之道才是最成功的方式。相信在你一阵"糖衣炮弹"的猛烈进攻下，对方过不了多久就会"缴械投降"。

每个人都有自己的喜好，可能对于你而言，别人的喜好跟你没有多大的关系，对你也没有多大的价值。但是当你真正要同某人接触的时候，你就会发现，了解别人的喜好，是一件多么有意义的事情。

《鬼谷子》中说："事皆有内皆结，或结以道德，或结以党友，或结以财货，或结以采色。"意思是说，每个人都有自己的坚持，各人有各人不同的坚持，我们在进言献策的时候，就要考虑到别人所坚持的东西，这里可以看作是喜好，只有顺着他们坚持的事物谈论，才能赢得他们的好感。

在商业中，这一点同样是适用的。仔细分析人们的喜好，就相当于企业为产品细分市场受众，不可能所有的顾客都喜欢某一种商品，这就需要区分到底是哪一部分顾客会喜欢自己的商品，哪一部分顾客不会太关注。只有这样才能达到资源的优化配置，才能达到利益的最大化。

> 美国的米勒酿酒公司曾一度不景气，后被菲利普·奥里斯烟草公司买下。为了东山再起，该公司对啤酒的消费市场做了大量细致的调查。在调查中，他们发现，啤酒的最大消费者是年轻人、男性，尤以蓝领工人居多。
>
> 米勒啤酒公司确定了市场目标，设计了一个旨在吸引蓝领阶层的广告宣传。米勒的广告对蓝领工人大加赞赏，把他们描绘成健康的，干着重要工作，并充满自豪的工人。广告里的主人公是一群豪爽、大度的工人。他们把在酒吧里边喝米勒啤酒边谈论一天的工作成绩，当成最高奖赏。由于蓝领阶层的文化不高，米勒公司在传播媒介的选择上只选择电视，这是工人们最喜爱的传播媒介。而且，广告播出的时间全部集中于工人最热爱的体育节目时间。广告强烈的接近性把工人们的自豪感激发了出来，喝米勒啤酒很快作为一种蓝领工人的文化方式被人们所认同。在仅仅一年多的时间里，米勒公司的市场占有率由第八位上升到第二位，并且具备了争夺市场霸主地位的实力。

米勒啤酒的成功秘诀就在于它以完整而生动的形象将产品打进了以蓝领工人为代表的消费者的生活，米勒啤酒被描绘成蓝领工人生活中不可分割的部分，甚至成为生活方式的代表，这一完整的形象使人一旦接受便很难改变。

美国辉瑞制药公司也深知攻心术的妙处，做了一则以情感人的广告，这家公司没有从正面大力宣扬自己的灵丹妙药，而是围绕消费者的利益，娓娓道来，深得消费者的心。

该公司在电视上是这样做广告的：屏幕上出现了一对母女，母女进入一家医院，一名护士把女儿带进了检查室，这时电视旁白说："这位母亲患有糖尿病，她的女儿也可能患同样的病。"当护士在抽血时，旁白又说："美国有1100万人患糖尿病，其中可能就有你，尤其是你年逾四十，而且超重时，更应去检查。本广告由辉瑞制药公司提供。"

辉瑞制药公司在《时代》周刊及《读者文摘》等40种杂志和报纸上刊登了同样性质的广告，大力宣传，广告费支出了四五百万美元。然而不久，广告的效力就显现出来，美国人去医院检查糖尿病的人多了起来，一旦检查呈阳性反应，大家由于耳濡目染，就立刻想到辉瑞制药公司，并购买该公司的药。这样，辉瑞制药公司的糖尿病药剂销售量增加了15.4%，所赚的钱远远超过了其支付的广告费用。

人们都容易在特定的环境下产生一种情感的共鸣，所以说会有"士为知己者死"的说法，我们不需要什么为谁而死的壮举，我们只需要通过谈论对方的兴趣，来达到促进人际交往的目的。所以在人际交往中，要事先知道你的交往对象对什么有兴趣，对什么没有兴趣，对其有兴趣的事物，要不惜时间金钱，集中火力猛烈攻击。

人脉箴言

值得注意的是，我们在与人谈论兴趣爱好时，要表现出一种佩服的表情，并伺机请教一些关于他们兴趣爱好方面的问题，以显示双方之间正在进行有效地交流。如果只是对方单方面地讲述，而你只是一味地听，很容易让对方怀疑你是否真的对他的爱好有兴趣。

面子不分大小，给了都好

有些人可能觉得，面子是要给的，但是面子要留给长辈，留给上级，对于晚辈下级，就没有必要太注重他们的面子问题。这样的想法是绝对错误的，在面子这个问题上，是不分年龄辈分的。

给人面子是人们都十分注重的问题，尤其是在中国这个长幼有序风气十分浓厚的文化氛围中，给足长辈、领导面子成了一个不成文的规定，人人都恪守这个规矩。长辈往往是一个家庭身份的象征，长辈的面子足了，下面的众多小辈脸上自然也有了光。领导是一个部门的主管，领导的面子足了，你在部门里自然容易生存。

《红楼梦》可谓是一部中国古代封建社会的社会史，书中描写的贾家这个封建大家族的种种关系，其实就是中国社会人际交往的浓缩。贾家处处都在维护着自己封建大家族的尊贵形象，一部《红楼梦》简直就是半部中国的"脸面史"。

《红楼梦》中有一回：贾母听了鸳鸯的哭诉，知道她的大儿媳邢夫人帮大儿子找小妾后，气得浑身发抖，因见王夫人在旁，便向王夫人道："你们原来都是哄我，外头孝敬，暗地里盘算我……"王夫人连忙站起来，不敢顶一句话。探春是个有心人，想王夫人有委屈不敢辩，薛姨妈不好辩，宝钗不便辩，李纨、凤姐、宝玉不敢辩，迎春老实，惜春小，只有她了。探春赔笑向贾母道："这事与太太有何相干？老太太想一想，大伯子要收屋里的人，小婶子如何知道？便知道，也推不知道。"贾母笑道："可是我老糊涂了，姨太太别笑话我，你这姐姐她极孝顺我，不像我那大太太一味怕老爷，婆婆跟前不过应个景，可是委屈了她。"贾母对宝玉说："你快给你娘跪下，你说太太别委屈了，老太太有年纪了，看着宝玉罢。"宝玉听了，忙走过去，便跪下要说，王夫人忙笑着拉他起来，说："快起来，快起来，断乎使不得。难道替老太太给我赔不是不成？"

　　贾母说错了王夫人，又当着众人面，不但伤了王夫人的面子，也伤了自己"英明"的面子，但她不能向王夫人赔礼，因为她既放不下身份，王夫人也消受不起。而王夫人丢的面子，必须由贾母为她找回来，于是才有这么多的拐弯抹角。薛姨妈在血缘上是王夫人的妹妹，在身份上又是亲戚，所以贾母先拿她当转弯的契机，面子就比较好看。宝玉是王夫人的儿子，贾母的孙子，辈分最低，而血缘最亲，拿他当替罪羊，既不伤面子，又不伤感情，赔了王夫人，自己又不亏。贾母的如意算盘，实在打得不错。然而这里面最明智的，就要数探春。若没有探春提醒，王夫人怎会从老祖宗那儿赚足了面子？是探春给了王夫人一个大大的面子，王夫人就欠了她一个人情。所以，你会明白，为什么探春尽管是庶出，却在姑娘们中有很高的地位，甚至连赵姨娘——她的亲生母亲都羡慕，这都是因为王夫人的格外恩宠。

　　长辈即使委屈了你，你也不要反驳，当众损了长辈的面子在中国可是一种"不孝"的表现，是会被众人唾弃的。当长辈因为面子问题而不能做某些事时，我们这些做晚辈的就应该心领神会地帮长辈排忧解难，充当中间人的角色。给长辈面子自然是不会错的，是天经地义的，但是不能只给长辈面子，即使是晚辈也需要面子，也应该得到长辈的尊重。

　　多年以前，通用电气公司面临一项需要慎重处理的工作，即免除查尔斯·史坦恩梅兹某一部门主管之职。史坦恩梅兹在电器方面是一等的天才，但担任计算部门主管却是彻底的失败。然而公司却不敢冒犯他，公司绝对不会解雇他——而他又十分敏感。于是公司想出了一个办法——给他一个新头衔，公司让他担任"通用电气公司顾问工程师"——工作还是和以前一样，只是换了一个新头衔——并让其他人担任部门主管。

　　史坦恩梅兹十分高兴，通用公司的高级职员也很高兴。

公司已温和地调动了这位最暴躁的大牌明星职员，而且公司
这样做并没有引起一场大风暴——因为公司抓住了避免问题
产生的关键——保全了他的面子。

能够当你长辈的人，肯定比你年长；能够当你上司的人，肯定比
你阅历丰富。我们作为晚辈、下属，需要做的就是抱着一种尊敬、学
习的态度对待长辈和上司，而不是动不动就和长辈顶撞，动不动就和
上司争执。若是一味地顶撞争执，弄得他们颜面尽失，以后谁还愿意
把经验传授给你，谁还会想着提拔你。没人提拔，你怎么出人头地？
到时候真正丢面子的就是你自己，而不是别人，所以从这点上来说，
给长辈、领导面子，就是为自己争面子。

人脉箴言

给面子不分大小，无论轻重，只要你给了面子，自然会得到应有
的回报。长辈、领导得到你的面子会更加器重你、喜欢你，晚辈、下
属得到你的面子会更加尊敬你、效忠你。

面子也要"按顺序"给

无论是在职场还是官场，都是要讲资历等级的，等级越高资历越
老的人脸面也就越大。当领导的都喜欢别人恭维他的能力，所以下属
往领导脸上贴金是免不了的。他的脸面发光了，做下属的也就跟着
沾光。

人在观察事物的时候，视线是有一定范围的，基本上所有的人都
是从上到下观察一个事物，或者是由表及里地观察一个事物。所以经
常是人们只看了事物的上面或者表面，就下判断说这个事物整体都是
好的。把这个道理用在给人面子上，就是说给人面子也要有一个顺
序，要先给"上面的人"面子，要先把表面形象包装好了。"上面的
人"有面子了，"下面的人"同样也得到了面子；表面形象弄好了，

就不怕别人说这没面子。这是一种不变的处世哲学，这样的做法在人际交往中普遍存在着。

你也许听说过"波将金村"这个名词，这个村庄是用坚硬纸板搭建而成的奇异村落。1851 年，当时俄国的叶卡捷琳娜女皇要坐船经过第聂伯河到黑海去视察时，她的臣下波将金在河的两岸搭起了许多假村庄来蒙蔽她，以示国泰民安，人丁兴旺。实际上，波将金这样做的目的并不完全如此，他的目的是为了让他的领导——叶卡捷琳娜女皇脸上有光彩。

波将金只不过做了聪明的下级应该做的事情，尽力使领导脸上光彩，这种策略在《领导管理手册》中是众所周知的。

许多年以前，联合国的一个官员举行了一个私人舞会，他以前是新西兰教育部的常务秘书。在英国式的政府里，常务秘书或多或少要管理他们的部门，但是却无权制定政策。制定政策的是他们的上级领导——部长。不过这个常务秘书不管怎样，常常会有很多自己的想法，也希望这些想法能变成现实。所以，他就把他的想法编辑成书稿，取名为《新西兰教育的未来》，书稿写成之后交给部长，并希望以部长的名义来出版这本书。部长也渴望成为这本书的作者而名扬四方，所以，部长欣然接受了这个要求。于是，这个常务秘书就开始实施他的想法，他保证自己实行的是部长已经制定的政策。实际上，部长公开保证了这些想法的实施，成为这些想法最强有力的拥护者。

给领导脸上贴金，就是为自己谋利，领导高兴了，你求领导办的事自然顺理成章。领导赢得了面子，就相当于整个部门都赢得了荣誉，既然整个部门都赢得了荣誉，自然也有自己的一份。到时候，指不定就会有谁问你："你不是那个某某部门的员工吗？你们的领导不就是哪个谁谁谁吗？真是羡慕你啊，能在这样的领导手下干活。"听到这样的话，想必你的脸上也会增光不少。

　　某机关中曾出现过这样一件事。部里下达了一个关于质量检查的通知，要求各省、地区的有关部门届时提供必要的材料，准备汇报，并安排下基层进行必要的厂矿检查。某市轻工局收到这份通知后，按惯例先经过局办公室主任的手，再送交有关局长处理。这位局办公室主任看到此事比较急，当天便把通知送往局长办公室。当时，这位局长正在接电话，看见主任进来后，只是用眼睛示意一下，让他放在桌上即可，于是主任照办了。

　　然而，就在检查小组即将到来的前一天，部里来电话告知到达日期，请安排住宿时，这位局长才记起此事。他气冲冲地把办公室主任叫来，一顿呵斥，批评他耽误了事。在这种情况下，尽管办公室主任深知自己并没有耽误事，真正耽误事情的正是局长自己，可他一句反驳的话也没有说，而是老老实实地接受了批评。事过之后，他又立即到局长办公室里找出那份通知，加班加点地打电话、催数字，忙了一个通宵总算把所需要的材料准备齐整。结果上级部门对轻工局的质量检查工作相当满意，在全系统中表扬了该市轻工局，尤其是表扬了该局长领导有方。这位局长受到上级表扬，自然是无限风光，无论谁遇到他都要恭喜一番，此事为他争了不少脸面。此事过后，那位忍辱负重的主任也被局长愈发看重了。

给领导面子其实就是在帮自己赢得好处，领导得到的是你给的面子，领导给你的却是实实在在的好处。如果你是一个善于给领导面子的人，领导就会时时刻刻记住你，下次要是有什么事情第一个想到的就是你，因为你能够为他争面子。长此以往，你就成了领导身边的得力助手、骨干力量，以后有什么好事情自然会先考虑你。

人脉箴言

往小了说领导的脸面不能丢，往大了说整个机关部门的形象不能损，上司始终是上司，他是一方面的代表，脸面肯定要比常人大。无论在什么场合，都应该先顾及到"上面人"的脸面。

荣誉是最好的面子

刘邦当年打败项羽统一天下的时候，为了巩固自己的江山，分封了大量的异姓王，让这些跟着刘邦打江山的功臣们得到了应有的名誉，这一招无疑对汉初政权的稳定起到了至关重要的作用。

人都是要脸面的，尤其是在当今这个社会背景下，人人都想名利双收，有很多人挖空心思想出名，想提升自己的身份地位，虽然这些都是虚的，可是还有大量的人愿意为之倾力付出。很多人这种爱慕虚荣的心理，正好是值得我们利用的。我们常说，给点阳光就灿烂，好多人只要你给他一点小小的利益，他就会拼了命一样地为你效力，以小的投入换来大的回报，何乐而不为呢？

南宋初年，面对金人的大举入侵，当时号称名将的刘光世、张浚等人，只会一味地避敌逃跑，而不敢奋起反击。这是因为他们官已高，位已尊，以为即使立了大功，也没有更大的升迁空间。没有了前面的那把"青草"，他们便安于现状，什么国家利益、民族利益，在他们心目中根本不占丁点儿位置。

当时岳飞虽然已崭露头角，毕竟还没有太大的名望和地位。他在前方和金人进行着殊死的战斗，有个叫郡缙的人便上书朝廷，推荐岳飞。那封推荐书写得很有意思：

"如今这些大将，富贵荣华都享到了头，不肯再为朝廷出力了，有的人甚至手握重兵威胁控制朝廷，很是专横跋扈，这样的人怎么能够再重用呢?"

"驾驭这些人，就要像饲养猎鹰一样，饿着它，它便为你博取猎物;喂饱了，它就飞掉了。如今的这些大将，都是还未出猎都早已被鲜汤美肉喂得饱饱的，因此，派他们去迎敌，他们便会掉头不顾。"

"岳飞却不是这样，他虽然拥有数万兵众，但他的官爵低下，朝廷对他也未有什么特别的恩宠，是一个默默无闻的低级军官，这正像饥饿的雄鹰准备振翅高飞一样。如果让他去立某一功，然后赏他某一级官爵，完成某一件事，给他某一等荣誉，就好像猎鹰那样，抓住一只兔子，便喂一只老鼠，抓住一只狐狸，就喂它一只家禽。以这种手段去驾驭他，使他不会满足，总有贪功求战之意，这样他必然会为国家一再立功"。

虽说此人如此分析大英雄岳飞有些以小人之心度君子之腹，但是他却道出了一个普遍存在的现象。放在除岳飞以外绝大多数人的身上，这一招都是很管用的。其实皇上也只是开了个"空头支票"，对于他来说，封谁一个官还不是一句话的事情，想封多少就封多少，想怎么封就怎么封，他基本不需要付出什么代价。这种开"空头支票"的方法人们屡试不爽。

19世纪，狄斯雷利一度出任英国首相。当时，有个野心勃勃的军官一再请求狄斯雷利加封他为男爵。狄斯雷利知道此人才能超群，也很想跟他搞好关系，无奈此人不够加封条件，狄斯雷利无法满足他的要求。

一天，狄斯雷利把军官请到办公室里，与他单独谈话:"亲爱的朋友，很抱歉我不能给你男爵的封号，但我可以给你一件更好的东西。"说到这里，狄斯雷利压低了声音:"我会告诉所有人，我曾多次请你接受男爵的封号，但都被你拒绝了。"

狄斯雷利说话算数，他真的将这个消息散布了出去。众人都称赞这个军官谦虚无私、淡泊名利，对他的礼遇和尊敬远超过任何一位男爵。军官由衷感激狄斯雷利，后来成了他最忠实的伙伴和军事后盾。

纽约一家一流印刷公司有位技师，负责维修公司里数十台打字机，以及其他昼夜不停运转的机器。他抱怨工作量太大，工作时间太长，工作又枯燥无味，所以要求公司派一位助手帮助他。为了纠正这位技师的态度和观念，而又不伤害他的自尊，该公司的董事长万德先生既没有像一般老板那样给他另派助手，也没有降低他的工作量和时间，却使他对工作非常满意。原来万德先生给这位技师配了一间专门的办公室，在门口钉上"维修科科长"的牌子。这么一来，他就不再是普通技工，而是被升为维修科科长了。他被其他同事承认具有这方面的能力，满足了他的自尊心，这样一来他将过去不满的情绪统统忘掉了，而且更加卖力地工作了。

给别人一些实物的诱惑有时候并不管用，而一些看得见摸不着的名誉反倒作用巨大。无论是采用什么方法，有一点是最关键的——承认被奖励者是有价值的。如果你承认了赐予名誉的人是一个有价值的人，就相当于给了他莫大的脸面，让他觉得受到了莫大的尊重。然而，你自己明白，其实这些名誉本身是虚假的，你并不会因此损失什么，反而会得到很多。

人脉箴言

每个人都希望得到别人的肯定，尤其是得到上级的肯定就更让人兴奋不已。一旦当领导的满足了其实现自我价值的愿望，满足了其爱慕虚荣的心理需求，他肯定会更加努力地工作。

"不好意思"都是自己想的

中国有句老话讲得好：不要打肿脸充胖子。自己是个什么实力自己最清楚，不要为了争那一点脸面就跑出去充"老大"，最终吃亏的还是自己。也不要出于什么朋友情面揽下自己力不能及的事情，不好意思都是自己想的。

成天在外打交道，难免遇上一些朋友请你帮个忙、做个事，这个时候你可千万不要头脑发热，自己做不了的事情千万不要接，宁可让朋友稍微失望一次，也不能接下。自己应该是最了解自己的，能吃几碗饭，能干多少事。中国人的面子观念害死人，不要认为你没有答应朋友的要求就是损了自己的面子，自己就不好意思，这些都是你自以为是的想法，朋友不一定会那样想。

　　三国时的蒋干就是这么一个人。他自以为了不起，认为自己的口才可以同战国时的苏秦、张仪一样雄辩天下。当曹操问手下有什么破敌良策的时候，众将都默不作声，他倒觉得这是一个立功扬名争面子的好机会。他向曹操自荐，他可以去说服周瑜投降曹操，而且信心十足，青衣小帽，再加一个书童，一叶扁舟就去见周瑜了。周瑜岂是吃干饭的？年纪轻轻便能统率百万军队，岂是一个同窗的说客可以动摇的？他来到周瑜的兵营，连三句半都没说上，就被周瑜玩得团团转，最后走得也不正大光明，带回的密信，不仅让曹操上了当，而且还损失两员大将。

千万别逞强，说不定你还会将事情搞砸，要老实地说，没什么不好意思的。蒋干就是太自不量力，事没办好不说，居然还上了人家的当，孙悟空还跳不出如来佛祖的掌心呢。办不了的事就是办不了，朋友之所以来找你，就因为他也办不成，别为你帮不上别人的忙而不好受，与其搞砸了一件事，还不如让他另请高明。

"不好意思"的特质有时很有用，有益于人际关系，但有时也会让人失去很多该有的利益，所以说不要每次都觉得"不好意思"。"不好意思"都是自己想的，也就是说，这是一种个人的反应。像有些事根本与道德、羞耻无关，别人也不认为做了这种事应"不好意思"；但有些人就是不敢做，例如追求女朋友，有人就会"不好意思"，这种"不好意思"就是自己想的，而不是别人想的。

当今世界，人人暴露欲望，个个展现实力，慢一步就没有了机会，因此面临生存竞争，你应该认清"不好意思"的真相，大胆地表现你的想法，并采取必要的动作，否则你"不好意思"，别人反而笑你笨，尤其以下三种情况，你绝对不能"不好意思"。关于权益的事，你千万不可"不好意思"，你应该大方大胆地争取、保护，你如果因为"不好意思"而丧失权益，是不会有人怜悯你的。

很多人就因为同事、朋友、亲戚的关系而不好意思拒绝，于是借钱给别人、为人担保，甚至冒险为其"两肋插刀"。结果一句"不好意思"，帮了别人，害了自己。对于别人要求的事，很多人就因为"不好意思"，结果事情做不好，对方得不到好处，你也苦了自己。尤其是当领导的，在工作上，绝对不可以"不好意思"要求，否则将失去权威，被下属欺瞒。

人脉箴言

"不好意思"都是自己想的，朋友之间需要坦诚一些，没有那么多花花肠子，没有必要承担一些朋友让你为难的事情。倘若你本身确实办不了但又接了下来，到后来事情迟迟办不成，朋友催促起来，嘴上不说心里该乱想了，还不如你当初一口回绝他来得干脆，坏处也没那么明显。

第五章
你的人脉迟早会被不会说话的嘴毁掉

这个世界上没有哪个人不喜欢听好话，尤其是赞美自己的好话。某些人表面上说要客观公正，不能主观片面，其实私底下也喜欢听好话。只要你把他给捧上了天，办起事情来就容易多了。

夸人几句其实并没有那么难

这个世界上没有哪个人不喜欢听好话，尤其是赞美自己的好话。某些人表面上说要客观公正，不能主观片面，其实私底下也喜欢听好话。只要你把他给捧上了天，办起事情来就容易多了。

喜欢看相声的人都知道，相声中有一种叫作双口相声，是要两个人合作表演才能完成的。这其中有一个是逗哏，另一个则是捧哏；一般逗哏是主角，捧哏是配角。何为捧哏？就是衬托主角语言艺术的角色，活跃现场幽默气氛，接着逗哏的话说。一个精彩的双口相声捧角是很重要的，有时候捧哏甚至比逗哏更重要，很多时候往往就是捧哏的出彩表演引得满堂大笑，逗乐所有观众。所以说，别看那些逗哏天天一板一眼、有模有样，其实捧哏更是一个技术活，想要把人捧得心花怒放，可不是一件容易的事情。没有人不希望被人捧，只是有些人的这种欲望表现得比较强烈，有些人表现得比较含蓄罢了。哪怕他是地狱那尊面无表情的阎罗王，也是喜欢被捧的。

有一个拍马屁的专家，连阴间的阎罗王都知道了他的姓名，他死后来到森罗殿见阎王，阎王一见到他便拍案大喝："好习猾的东西，听说你专好拍人马屁。哼，我最恨像你这样的人！"

那拍马屁专家赶紧跪地叩头说："冤枉啊，冤枉，阎王爷有所不知，那些世间之人都喜欢别人拍他马屁，我不得不这样。如果世上之人都能像大王您这样明察秋毫，公正廉明，那我哪里还敢有半句恭维？"阎王高兴地直说："谅你也不敢拍我马屁。"

这虽然是则笑话，但既能反映现实又能说明问题。适当地吹捧对方，说些赞美的话也是必须具备的处世之道。韩非子曾经说过一句话，大意是说，适当地赞美别人的优点和长处，这是正确处理人与人之间关系的一条重要而实用的法则。

> 有一个人，他为人正直，性格开朗，但是爱憎过于分明。若与他讨论事情，要是他不赞同或是没兴趣，说不到两句他就开始敷衍，甚至会和人争论起来，不肯相让。但是人都是喜欢被捧的，若是谈论他最近又干了什么大出风采的事情，把他大夸一番，他的态度就会立马转变，开始滔滔不绝地说他的风光之事。要是再夸一番他在专业上的成就，那就更了不得了。一阵捧上天的谈论后，若是再与他讨论之前的问题，他便会说："你这个想法还是可以的，这里稍微改改就行了。"

捧人并不是阿谀奉承，不过是一种稍加了修饰的赞美，这在很多情况下是必要的。人人都渴望被捧，今天你给我面子捧个场，明天你的事就好说。这捧还不能太直白，要恰到好处，既不能让人觉得你是有意图的奉承，又不能让人觉得你不给面子。

> 美国总统柯立芝有一次批评女秘书，他是这样说的："你今天穿的这件衣服很漂亮，真是一位迷人的小姐。不过，希望你以后能对标点符号稍加注意；那么，你打的文件会跟你的衣服一样漂亮。"结果不难想象，柯立芝以后的文件规范了许多。

捧别人就是帮自己，为了让自己受益，当当捧角也是可以的。不要觉得自己有什么身份，放不下面子，你总有要别人帮忙的时候。老子曰："美言可以市尊。"即是说赞美之言可以换来别人的尊重，你把别人捧上了天，日后别人自然会在众人面前把你也捧上天。

人脉箴言

捧人其实就是一个先扬后抑的过程。先是赞美对方的优点，使对方心情愉悦，拉近双方的距离，再一步步地将自己的想法和盘托出。正在高兴的他，哪有心思去想你的话中有没有阴谋，爽快地接受就是自然的事情。善打圆场，聚敛人气。

好听话又不要钱，你有什么舍不得的

表扬他人不是让你去阿谀奉承，也不是让你去捧乐他，这更多的是一种本应该有的赞美，只是我们当中的很多人不好意思说出口罢了。不要以为表扬别人就是在贬低自己。

在古代，将军出征前皇帝往往会摆下宴席，预祝将军征战旗开得胜。宴会上皇帝还会大大夸赞将军一番，诸如"将军英勇过人，定能战无不胜""此战将军定能以一敌百"之类的溢美之词，目的是要振奋军队气势，提升将领信心。以皇帝的九五之尊，居然能对一个臣下如此的大加夸赞，我们就更不应该吝啬自己的赞美之词。皇帝之所以能够屈尊赞美臣下，是因为他知道这几句无关痛痒的赞美对他的江山稳固大有好处。同理，我们平时对他人的赞美也能得到相应的好处。

瑞·卡夫，前《时代》周刊总编辑曾经告诉过他的朋友，他总是清楚地记得他是怎么表扬、表扬过几次、表扬的是谁这些细节。因为这是他的工作，他别无选择。对他来说，每星期编辑一期杂志就是一场马拉松比赛，在这场比赛里，他需要做出无数次的价值判断，需要不断地对他的下属交上来的意见书、文章、图片、图解以及版面设计做出判断，以决定这些东西是否符合杂志的要求。结果是，他需要不断做出是否要赞扬他的撰稿人、摄影师以及艺术家的决定。在这种意义上，杂志出版业是一个需要经常表扬人的行业。对瑞·卡夫来说，记住自己表扬过的人是不成问题的，这是他主要职责的一部分。

我们也应该像瑞·卡夫一样，把赞美当作职责的一部分。如果赞美别人已经成了一种习惯，你就不会觉得大肆地赞美他人是难以启齿的事情了，也不会觉得赞美他人就是在贬低自己。

一个非常精明的经理人曾经说，他非常喜欢思考怎样才能使赞扬人的话起到跟发钱给下属一样的作用。他说："我不可能按照我希望的那样付给他们很多的钱，所以，我要把赞扬当钱使。无论任何时候，无论遇到谁，我都告诉他说：
'你干得很不错，加油啊！'立刻，这话就像100元奖金似的
令他感到兴奋。是的，他们不可能用赞扬去买到什么好东
西。但是，他们会把它藏在脑子里的。而且，他们对我和我
们公司的感觉会更好。"这种对赞扬的评价是十分有说服力
的：当你的钱已经不足以笼络住手下那些人才时，赞扬可以
帮助你把他们笼络住。

美国新泽西州咸利兰德职业训练学校在给学生上心理学
课时，教授们使用了一种被称为"测力器"的仪器，对疲
劳进行测量。当一个疲惫的年轻人受到表扬和鼓励时，测力
器表明他的能量立即得到加强；而当他被批评训斥一顿后，
他的体力则急剧下降。由此可以看出：表扬可以激发活力。
可是，我们在日常生活中最常忽略的美德之一便是赞赏。女
儿帮助父母做家务，父母却忘记了赞扬；朋友为你办了一件
好事，你又忘了道谢……由此产生了许多遗憾。

《庄子·人世间》中说道："夫两喜必多溢美之言，两怒必多溢
恶之言。"意思是说，要传达一种双方都喜欢的信息，就要多说些赞
美的话，哪怕是过分的赞美；要传达双方都发怒的信息，就会多说些
恶言恶语。难道这个世界上还有谁无缘无故喜欢让大家都发怒吗？大
家都高兴就是一种生产力，它能决定人与人之间的关系，能生产出你
想要的东西，所以无论何时都不要吝啬你的赞美。

人脉箴言

难道说表扬别人真的就那么不容易说出口吗？试着当着别人的面
用一百句话称赞他的优点，看看你会不会损失一分一毫。结果当然是
不会！不仅不会，还会得到被表扬者的笑脸。不要吝啬你的表扬，它
可以不用花费一分钱的代价换来最大的好处。

恭维也要有技术含量

恭维不等于赞美。两者的区别就在于，赞美是很直白露骨的褒扬，而恭维是含蓄委婉的称赞，这一明一暗，在不同的场合、不同的人身上，有不同的作用。

恭维既然是含蓄委婉的称赞，自然要把握好一个尺度，说得太明显了容易让人反感，说得太艰涩了又不能表达你的意思。恭维首推诚恳，要分析判断恭维时所处的环境，恭维之人的性格喜好，有针对性、目的性地进行恭维，这样才能让对方有"深得我心"之感。

国画大师张大千先生经常被邀请出席各种活动，每次都有人赞美他的胡子很漂亮，张大千却不以为然。

记得有一次，在一个欢迎会上，大家又在讨论他的胡子，相继说了许多恭维的话。张大千听了不动声色，等大家讲过以后，他说了一个故事：三国时代，关羽、张飞去世后，孔明想让大将之中的一人担任先锋。可是应该选谁呢？张飞的儿子张苞说："我愿往。"关羽的儿子关兴也说："我愿往。"二人相持不下。孔明说："你们二人都是将门之后，谁能将父亲的盖世武功说得好，就由谁来担任先锋。"张苞道："我的父亲手持钢矛，喝断当阳桥，智擒黄忠，义释严颜，在百万军中，取上将首级，如探囊取物。我家教有方，今日先锋，非我谁能？"轮到关羽的儿子说话时，他因为口吃，说了半天，只有"我，我……我的父亲……胡子很长。"这时关羽在云端里大喝一声："小子，你的老子当初手提青龙偃月刀，过五关，斩六将，诛颜良，斩文丑，上马一提金，下马一提银……这些你偏不说，只说你老子的胡子很长。"等张大千讲完这个故事，众人皆愕然。

这恭维的话说得不得体、不合人口味还不如不说，说了往往适得其反，反倒让被恭维的人不太高兴。俗话常说，"良言一句三冬暖""话不投机半句多"。好的恭维之语就如冬日的一股暖流，温暖人的心窝，但恭维之话说得不得体，会起到相反的效果，甚至让人不想与之交谈。

1945 年 9 月的某一天，参加重庆谈判的毛泽东邀请诗人柳亚子等人面谈，柳亚子欣然接受了邀请。临行时，画家尹瘦石来了。

"嘿，你来得正巧，"柳亚子说，"毛泽东先生今天正要邀我去谈谈，你何不同往，为他画一张像？"

尹瘦石精神为之一振——柳亚子的话正中他下怀，他正想画一批当代英雄的群像，于是两个人结伴而行。

双方见面寒暄，柳亚子向毛泽东介绍了尹瘦石。

"喔，艺术家！"毛泽东握住尹瘦石的手摇了几摇，"文以载道，诗以言志，艺术人才是极为重要的！延安有一所鲁艺，在抗日斗争中起了很大作用。不过，那里的艺术家都是窑洞里培养出来的'土包子'噢。"

尹瘦石忙说："我也是'土包子'，没有留过洋的。"

毛泽东大笑："我们是彼此彼此了。我只读到师范，没有进过大学……我对于美术也研究甚少。记得小时候，最不耐烦的是图画，在纸上画了一条横线、一条弧线就交卷。先生问我画的是什么，我说，这是李太白诗意'半壁见海日'！"

众人朗声大笑。

这时，柳亚子又介绍说："尹先生是我多年至交，虽年纪轻轻，却极富才华。"

毛泽东笑道："好嘛！中国绘画，源远流长，后继有人，将来'土包子'一定能胜过'洋包子'。中华民族随着政治的独立崛起，一定会迎来文艺的复兴！"

柳亚子随即说："我和尹先生正在筹备一个诗画联展，现在万事俱备，只欠东风。"

"'东风'者何？"毛泽东问。

"独缺润之兄一幅画像。今天我请尹先生来，就是想为你写真，你要为他做'模特'噢！"

"可以。"毛泽东不假思索，一口答应。

恭维别人不是让你拉下脸皮去拍马屁，恭维只是一种经过精心装饰的赞美，只是把赞美的词语做了适当的夸大，并不是捕风捉影。所有恭维要在有事实根据的基础上进行，要不然别人会觉得你虚伪，自己听见恭维之词也觉得不受用，结果只能是适得其反。

人脉箴言

求人办事说两句得当的恭维话会比你说一百句大道理管用得多，恭维话拉近了彼此的距离，甚至有化腐朽为神奇的力量。本来别人不太愿意答应的事情，或许正是你的两句得当的恭维话改变了他的主意。尤其是当众的恭维，更能收到奇效。

随便袒露心迹不是实诚是天真

话不可说得太多，说太多了容易招来猜疑和敌对。管住自己的手容易，可是管住自己的嘴就不是一件容易的事。这句话说起来容易，做起来却难。很多人一旦情感上来，自己根本就控制不住，事后连自己也不知道为什么要说这些，为此追悔不已。

不是说人心有多险恶，促使我们必须逢人只说三分话，而是因为我们无法准确地判断所遇到的人是一个正人君子还是一个卑鄙小人，一旦遇到卑鄙小人，你若是对他抛出真心，话说得太满，很容易被其抓住把柄，背后给你下圈套。既然是这样，我们倒不如无论遇到何人都只说三分真话七分假话，纵使遇到君子，他也不会计较。逢人只说三分话是一种自保的中和之策，在中庸之道大行其道的中国，是最合适的一种办法，不仅是你，很多人都是这样做的。既然大家都只说三分话，你若是说七分不是很吃亏吗？

小林是光华唱片公司的业务员，他因工作认真、勤于思考、业绩良好被公司确定为中层干部候选人。只因他无意间透露了一个属于自己的秘密而被竞争对手击败，终未被重用。

小林和同事周勃私交甚好，常在一起喝酒聊天。一个周末，他备了一些酒菜约了周勃在宿舍里共饮。俩人酒越喝越多，话越说越多。酒已微醺的小林向周勃说了一件他对任何人也没有说过的事。"我高中毕业后没考上大学，有一段时间没事干，心情特别不好。有一次和几个哥们喝了些酒，回家时看见路边停着一辆摩托车。一见四周无人，一个朋友撬开锁，由我把车给开走了。后来，那朋友盗窃时被逮住，送到了派出所，供出了我，结果我被判了刑。刑满后我四处找工作，都没人要。没办法，经朋友介绍我才来到厦门。不管咋说，现在咱得珍惜，得给公司好好干。"

小林来厦门三年后，公司根据他的表现和业绩，把他和周勃确定为业务部副经理候选人。总经理找他谈话时，他表示一定加倍努力，不辜负领导的厚望。谁知道，没过两天，公司人事部突然宣布周勃为业务部副经理，小林调出业务部另行安排工作岗位。事后，小林才从人事部了解到是周勃从中搞的鬼。原来，在候选人名单确定后，周勃便去总经理办公室，向总经理谈了小林曾被判刑坐牢的事。不难想象，一个曾经犯过法的人，老板怎么会重用呢？尽管你现在表现得不错，可历史上那个污点是怎么也很难擦洗干净的。知道真相后，小林又气又恨又无奈，只得接受调遣，去了别的不怎么重要的部门上班。

既然秘密是自己的，无论如何也不能对别人讲。你不讲，保住了属于自己的隐私，没有什么坏处；如果你讲给了别人，情况就不一样了，说不定什么时候别人会以此为把柄攻击你，使你有口难言。

德国的大哲学家黑格尔曾经提出过"距离产生美"的理论，在人际关系上，距离产生美是一个很实用又很经典的理论。只有保持一定距离的关系才是和谐的关系，就算是夫妻之间也难免有些小秘密，何况是普通的朋友。在一些酒局饭桌上、私下聊天中，往往最容易暴露自己真实的想法，所以也是最需要注意的场合，要么尽量不说话，让别人说自己听，要么说些无关痛痒的客套话，不要勾起自己的情绪，以免落人把柄。

人脉箴言

说三分话就要把握好一个度，如何才是三分，如何拿捏这个度，都是有讲究的。凡事有必要说三分话的时候，关于这件事情的时间、地点、人物都最好隐去，只保留事情的主干经过，让别人知道有这么个事就行，至于什么事则要做到天知地知我知你不知。

积累人脉虽重要，但也不能来者不拒

当断不断反受其乱。与人交谈、同人应酬，难免遇到一些求你办事的情况，如果你不想答应，就要拒绝得干脆，让别人没有回旋的余地，也没有遐想的空间。如果当时不拒绝，事后就会麻烦不断，琐事缠身。

朋友之间、同事之间相互帮忙办事是难免的，但这些都该是量力而为的事情，明明知道自己不能办到的事情就不必碍于情面强出头，要果断地拒绝。有人总是认为拒绝朋友的请求是一件很伤情面的事，其实不然，大多数的朋友是不会在意你的拒绝的，不好意思都是自己想的。只要你在拒绝的时候不是表现得很虚伪，就没有什么可担心的。对于那些不太熟的生面孔，就更不用犹豫什么了，不行就是不行，没有什么余地可讲。

启功先生是当代著名书法家、大学教授，又是前清皇室的亲戚，是一位炙手可热的大名人。因此，登门拜访的人总是接连不断，简直踏破了门槛，但纯为探访而没有求于先生者却是非常罕见的。求的内容，大致有二：一是举办某某活动，欲请先生光临、捧场；二是求先生挥毫泼墨，用先生自己的话说则是，"将目的写成黑的。"其实这都顺理成章，先生名头太大，在活动中一露脸，立即会有大群记者一拥而上，电视转播，报纸载文，举办者脸上添光，知名度鹊起，有极高的社会效益。而字，一则具有高度艺术价值，挂于客厅中可临摹，可欣赏，可炫耀；二则虽人人都不会公开承认，但私下里一致认同，可卖大价钱，奇货可居，能获得可观的经济效益。

试想，如果对这些人一一照顾，个个给面子，老先生岂不是要累死？那些人个个是厚黑高手，全有一套死缠硬泡、蹬鼻子上脸的功夫，委婉的拒绝是不顶用的。因此，老先生有时对他们毫不客气，干脆"黑"起脸来，将其拒之门外。

一日，电话铃声大作，启功先生正处理文稿，犹犹豫豫本不想接，但打电话的人极有耐心，先生又恐是老朋友或公家部门打来，就只好接了，一问对方姓名，并不认识。问何事，对方称先生曾为某书题签，现该书已出版，欲明日亲自送来，先生当即说："谢谢。不过这样的小事，你也不必跑了，通过邮局寄来即可。"对方不干，非要前来，称为探望。先生解释道："我现在很忙，身体又不大好，你来我也无力接待，请原谅，书还是寄来吧。"对方不肯，先生索性挑破窗户纸，单刀直入地问："你说你还有什么事吧。"对方称没事，就是想看看先生。先生答道："你既然那么想看我，也行。我给你寄张照片去，你可以从从容容地看。"此人仍不罢休。几个回合之后，先生被逼到"墙角"，于是说："好吧，你明天何时来，说个点儿。认识不认识我这儿，就在大门口，你也不用进我的门，你不是就为看我吗？咱俩就在门口对着看，你看我，我瞧你，你要近视，带上眼镜，我也带上花镜，好好瞧瞧你。看半个钟头，够不够，若不够，看两个钟头也行。"对方听先生动怒，又拉出一张"虎皮"，说先生的某某老友也要同来。先生再一细问，对方又说先生的这位老友前些日子出差在外，不知明天能否回来。先生气得不得了，干脆挂上了电话。

拒绝是有技术含量的活，直接拒绝不是对任何人都适用。明显你处于强势，又是一些无关痛痒的人物，当然可以直言拒绝。至于与你有关系的人、两者间有利益关联的人，还是要把话说得圆润点，让别人听着感觉不到你是在拒绝。

富兰克林·德拉诺·罗斯福在就任美国总统之前，曾在海军担任部长助理的要职。有一次，他的好友向他打听美国海军在加勒比海某岛建潜艇基地的计划。

当时，这是不能公开的军事秘密。面对好友的询问，罗斯福怎么拒绝才好呢？罗斯福想了想，故意靠近好友，神秘地向四周看了看，压低嗓门问道："你能对这件不宜外传的事情保密吗？"

好友以为罗斯福准备"泄密"了，马上点点头保证说："当然能。"

罗斯福坐正了身子笑道："我也一样！"

好友这才发现自己上了罗斯福的"当"，但他随即明白了罗斯福的意思，便开怀大笑起来，不再打听了。

如果我们碍于朋友关系不好直接拒绝，那就应该摆出一副很有诚意的样子或是很为难的样子，让朋友明白他这是在为难你。有什么难处要委婉地向朋友道出，点到即止，不可说得太直白，尤其是在众人面前更不能直白地拒绝朋友。只要我们让朋友感受到自己的难处，拒绝也就不难了。

人脉箴言

拒绝之词当因人而异，但拒绝之心却不能因人而异。只要是你觉得应该拒绝的，或是你认为可能办不到的，都不要留有余地，自己抽自己嘴巴的事千万不要做。若是勉强答应，事情没办好，所伤的情面比直接拒绝会更大。

骂了人别忘了给个"枣"

骂人要像夸人一样好听，甚至要让被骂的人因为你的责骂而感到"幸福"。这听起来似乎是天方夜谭，其实是能够做到的。责骂的时候架势要大，但骂出来的话要轻，这就是所谓的雷声大雨点小。

作为家长、长辈、领导或是朋友，有时候责备别人在所难免，但无论是责备什么人，对于被责备者来说总是一件不好的事。中国人常说"以和为贵"，就算是在骂人的时候，这"和"依然是奏效的，避免从此撕破脸皮的责骂，要实施人性化的责骂。

美国法律很严厉，比如严重破坏社会治安，有时要判 90 年的徒刑。这似乎是不可思议的。但鞭子重重地举起来了，打下去却比较轻。那些犯人在监狱期间，由于训练和反省，表现良好即可假释出狱。出狱的这些人，往往慑于法律的威严而很守规矩。责备人也是一样，看上去似乎要怒不可遏了，但骂出来的话确很温柔。

三洋电机的副社长后藤清一先生，在 1925 年以实习身份进入创业不久的松下公司的工厂，受到松下幸之助先生与井植岁男先生的熏陶而取得今日的成就。在后藤先生的著作《跌倒了就要爬起来》中，曾多次提及被松下"责骂"而成长的往事。

一天，松下布置后藤留下几个人加班赶任务。工作很紧张，也很累，几个加班员工中途离开工作岗位到球场打球去了。后藤也正要出门打球，恰好碰到了赶来察看的松下。

听说大家出去玩了，松下很生气，后藤受到了严厉责骂："违反命令，抛开工作去打球，真是太不应该。"

特别令后藤感到痛心的是这句话："后藤，怎么连你也做这种事？"因为松下的"连你也……"这几个字，让后藤明白了自己在松下心目中地位的重要。

后藤接受了批评，再三道歉，并带人加班干完了工作。事后他认为这个"责骂"很得当，虽被"责骂"了，但内心里却有一种喜悦。日后谈起这件事，他还深有感触地说，一边被"责骂"，一边又令人感到"自己存在的重要性"，用这种方法骂部属实在很有效。

委婉的责备并不是松下的唯一伎俩，他还学会了中国历代皇帝对待农民起义时经常用到的一招——既剿又抚，剿抚并用。先是一通重重地责骂，再进行安慰表示歉意，这一天一地的差别，让被责骂者仿佛感受到了从大悲到大喜的温暖，但其实这只不过是被责骂者的心理作用。

另外，松下幸之助一向喜欢花九分力量看员工的"长处"，只花一分力量看员工的"缺点"。可是，当他真的用一分力量看缺点时，却是十分严肃的。

有一次，后藤违反公司规定，未经请示就擅自变更了承包定额单价，被松下知道了。晚上 10 点，后藤被叫去了。正在同别人谈话的松下立即当众大声责骂，客人出面求情也不肯罢休。松下一边骂，一边用手中捅炉子的铁条使劲敲打火炉。松下发现铁条被敲弯了，才大声命令说："你把它弄直了再回去吧。"

后藤本来就有贫血的毛病，在这阵暴风骤雨般的责骂声中，悔恨交加，最终当场昏倒了。

松下立即让人送他回家，并多方关照。第二天刚上班，电话铃声响了："后藤吧？我没有什么特别的事，只想问一下，是否还介意昨晚的事。我昨天也不是故意的，你别往心里去，其实我还是很喜欢你平时的工作态度。"

后藤被感动了，紧紧握住电话筒，昨晚被痛责的懊恼心情，顿时全消，说道："你的确令人心服口服。"

在日本松下公司，谁能受到领导的责骂，尤其是受到松下先生的责骂，都被看作是一件"幸事"，是一种"幸福"，认为这是老板对自己成长的最大关照。由此不得不佩服松下责备人的水平是多么的高超。

骂人一句给个枣，但是这个"枣"要给得及时，不要等到事情过去很久了才记得给别人送"枣"去，这时候送枣已经抵消不了他心中的苦味，不能让他记住"枣"的甘甜。很多时候被责备的人也知道是自己犯了错，对于你的责备其实并不一定是怨恨，只是觉得自己的心里不好受，如果你及时进行安慰，被责备的人非但不会怨恨你，还会感激你的安慰。

人脉箴言

责骂不是目的，只是一种手段，目的是要通过你的责备让对方认识到自己的错误。所以说如果只顾一味责骂反而会起到适得其反的效果，打人一巴掌尚且要揉三揉，骂人一句也要再给个"甜枣"。

第六章

人脉好不好，其实都写在脸上

人在屋檐下，不得不低头。对待自己的领导，要善于揣摩他的意思，迎合他，他们的一举一动都是值得我们注意的，或许就是他们的某个行动，某一次讲话，就能让我们的「仕途」发生巨大的变化。

揣摩上司的心思，是门学问

人在屋檐下，不得不低头。对待自己的领导，要善于揣摩他的意思，迎合他，他们的一举一动都是值得我们注意的，或许就是他们的某个行动，某一次讲话，就能让我们的"仕途"发生巨大的变化。

古人的识人学中，观色是很重要的一项，通过观人之色来判断其运势；察言也是重要一项，一般相面的术士都会让你说出一字一词，或是一句话，来推敲你的运势。察言观色是了解一个人的很好途径，古代官场的臣子们深知"伴君如伴虎"的道理，整天都在对皇帝进行察言观色，生怕逆了皇帝的意思，招来杀身之祸。

汉高祖刘邦杀了项羽，平定天下之后，开始论功行赏，群臣在这个时候，彼此争功，吵了一年多都无法确定。刘邦认为萧何功劳最大，就封萧何为侯，封地也最多，但群臣心中不服，议论纷纷。在封赏勉强确定之后，对席位的高低先后又起了争议，大家都说："平阳侯曹参身受70次伤，而且攻城略地，功劳最多，应当排他第一。"刘邦因为在封赏时已经委屈了一些功臣，多封了许多给萧何，所以在席位上也不好再坚持，但心中还是想将萧何排在首位。

这时候，关内侯鄂君已经揣摩出刘邦的意图，就不顾众大臣的反对，挺身上前厚脸说道："群臣的评议都错了！曹参虽然有攻城略地的功劳，但这只是一时之功。皇上与楚霸王对抗五年，时常丢掉部队，四处逃避。而萧何却常常从关中派兵员填补战线上的漏洞。楚、汉在荥阳对抗了好几年，军中缺粮，都是萧何转运粮食补给关中，粮饷才不至于匮乏。再说皇上有好几次逃到山东，都是靠萧何保全关中，才能接济皇上的，这才是万世之功。如今即使少了一百个曹参，对汉朝有什么影响？我们汉朝也不必靠他来保全啊！为什么你们认为一时之功高过万世之功呢？我主张萧何第一，曹参其次。"

刘邦听了，自然是无比高兴，连忙说："好，好！"于是下令萧何排在第一，可以带剑入殿，上朝时也不必急行。

刘邦本是个大老粗，在分封诸侯的时候，将一些从前跟着他出生入死、身经百战的功臣比喻为"功狗"，而将发号施令、出谋划策的萧何比喻为"功人"，所以萧何的封赏最多。明眼人一看就知道刘邦宠幸萧何，因此在安排入朝的席位上，他虽然表面上不再坚持萧何应排在第一，但鄂君早已揣摩出他的心意。于是顺水推舟，专拣好听的话讲，刘邦自然高兴。鄂君因此而被改封为"安平侯"，封地也比原来多了近一倍。鄂君在关键时刻厚着脸皮说的几句话，使他一生享尽荣华富贵。

虽说现在没有杀头之祸的危险，但无论在官场还是在职场，揣摩领导的意思也是一件很重要的事情。揣摩领导的意思并不是说就是小人之举，而是一种灵活圆滑的处世之道，人人都在揣摩，如果你不揣摩，岂不是在领导眼中成了格外突出的另类，什么升级加薪自然只能往后排了。

揣摩领导的意思就像是一场战争。现代战争逐渐向信息战发展，行军打仗之前总要先将敌情分析透彻再行动，谁掌握了真实有效的战地信息谁就掌握了战场的主动权。揣摩领导的意思也是同样的道理，谁先猜透了领导的意图，谁就掌握了工作的主动权，工作做好了，好处自然多。

人脉箴言

揣摩是一个持续不断的过程，不能说今天成功地揣摩了领导的意思，得到了甜头，明天就松懈下来。人是会变的，领导的想法也善变，尤其是女领导。不能守着已经琢磨透彻的既定路线一直执行，每隔一段时间就应该重新分析领导的意图，与时俱进。

攻心有术，人脉尽收

《孙子兵法》有云："知己知彼，百战不殆。"想要在与他人的较量中占得主动，赢得先机，就要摸清对方的情况，抓住对方的心理。这样才能制定相应的对策，做到有备无患。

在与人交往的过程中，若观察对方的言行尚属表面功夫的话，能透析对方的心理才算是真正的交际能力。无论是在商业谈判中，还是在平时的职场上，洞悉他人的心理都是至关重要的一步。我们总是把职场的明争暗斗形容为钩心斗角，所有人斗的不是蛮力，而是心理。商业谈判也是一样，最关键的一步就是摸透对手的心理底线，知道他最希望得到什么，不想失去什么，这比什么谈判桌上的花言巧语都管用多了。

詹森是一位杰出的商业家，他的投资范围十分广泛，包括旅馆、戏院、工厂、自动洗衣店，等等。出于某种考虑，他还认为应该再投资杂志出版业。

经他人介绍，詹森看中了杂志出版家鲁宾逊先生。鲁宾逊是出版行业的大红人，很多出版商都争相罗致，但始终无法如愿。如何才能把鲁宾逊负责的杂志弄到手，并将他本人网罗到自己旗下呢？经过一两次共同进餐，双方有了初步的了解，詹森决定不惜重金笼络。

事先，詹森经过调查和观察，知道鲁宾逊本人恃才自傲，而且瞧不起外行人。但是另一方面，鲁宾逊现在已是子孙满堂，对于独立操持高度冒险的事业已经没有当初的兴趣，而且对于整日泡在办公室里处理日常琐事早已深感厌倦。因此，给鲁宾逊送"东西"，就要别别人送的不一样。

于是，詹森针对鲁宾逊的个人性格和心理状况，开门见山地承认自己对出版业一窍不通，需要借助有才干的人促成事业的成功。接着，詹森把一张 2.5 万元的支票放在桌子上，对鲁宾逊说："除这点钱外，我们还要再给你应该得到的那些股份和长期的利益。"为了解决鲁宾逊公务的烦恼，詹森指着几位部属说："这些人都归你使用，主要是为了帮助你处理办公室的烦琐事务，把你从办公室的烦琐事务中解脱出来。"当鲁宾逊提出所有经济实惠要现金不要股票时，詹森又耐心地告诉他股票在过去几年中如何涨价，利益如何可观，利息如何大，等等，同时还强调，他会向鲁宾逊提供长期的安全福利。

对于鲁宾逊来说，这些条件不仅满足了他的迫切需要，即他的出版业有了足够资金和扩展业务的财力保证，破产的危险大为减少，又满足了他的根本需要，即可以摆脱烦琐事务，专心致力于出版业务的发展。于是鲁宾逊同意将他的杂

志转手给詹森，并投到詹森的旗下。双方签订了5年的合
约，内容包括：付给鲁宾逊4万元现金，其他红利以股票的
形式支付，等等。

要想摸透一个人的心理，不能急于从他本人下手，要先分析他所处
的环境，他的生活工作状况，最近有没有发生什么突出的事情。先了解
了这些外围信息才能根据他最近的表现对症下药，逐条分析，一一对号。

《鬼谷子·揣阖》有载："皆见其权衡轻重，乃为之度数，圣人
因而为之虑。其不中权衡度数，圣人因而自为之虑。"意思是说，所
有的这些都是为了使对方的实力和计谋全部暴露出来，以便探测出对
方各方面的程度，聪明的人会因此用心思索，假如不能探测到，他们
会因此而自责。鬼谷子认为，凡事都要先察明对方的心志，察明之后
再决定下一步的行动。若是对方的计划对自己有利，那就帮助对方完
成；若是对方的计划不利于自己，则另寻他法。

人脉箴言

摸透对方的心理是手段，不是最终目的。最终的目的还在于通过
摸透对方的心理，让我们知道在这个山头该唱哪首歌，做到"入乡随
俗"的客套，以便能调节彼此之间的关系，避免很多不必要的争执。

爱笑的人，人脉不会太差

达·芬奇的名作《蒙娜丽莎》之所以举世闻名、冠绝天下，就
是因为她那打动世人的微笑。卡耐基曾说："笑容能照亮所有看到它
的人，就像穿过乌云的太阳，带给人们温暖。"微笑是这个世界上最
佳的交流方式。

一个人如果有一副天生的好面孔，就如同打牌时手中握了一把好
牌；如果这个人用微笑来诠释这一副好面孔，就如同把这副好牌打活
了。打牌最重要的并不是自己握的牌有多好，关键在于你如何打手中
的这副牌，好面孔与微笑的关系亦是如此。

世界著名的希尔顿饭店的创办人康拉德·希尔顿说："如果我的

旅馆只有一流的服务，而没有一流微笑的服务的话，那就像一家永不见温暖阳光的旅馆，又有何情趣可言呢？"美国许多企业或公司的经理宁愿雇用一位中学未毕业却有着迷人笑容的女雇员，也不愿聘请一个满脸"尊严"的哲学博士。日本有家公司还专门开发了一个软件，来给员工的微笑打分，不合格的要责令改正。

卡耐基在他的《人性的弱点》一书中介绍了一个因微笑而获得成功的例子：

纽约的百老汇大街证券交易所有名的经纪人斯坦哈特过去是个严肃刻薄、脾气暴戾的人，他的雇员、顾客甚至太太见到他都避之唯恐不及。后来，他请教了一位心理学家，学会了微笑，一改旧习，无论在电梯里还是在走廊上，不论是在大门口还是在商场，逢人三分笑，像普通的职员一样真诚地与人握手。结果，不仅夫妻和睦相处，相亲相爱，而且顾客盈门，生意兴隆。从这个意义上说，微笑是一笔财富。

微笑是一种成本最低的投资，它甚至不需要你花一分钱，只需要面部肌肉抽动几下，就能得到丰厚的回报。笑能融冰，很多前一刻还是敌人的双方就是因为一个微笑而冰释前嫌；很多闹得不可开交的谈判就是因为一个微笑而最终达成协议；很多争吵的夫妻就是因为一个微笑而重归于好；很多不能言说的话语就是因为一个微笑而充分表达。

有一次，在盛大的宴会上，一个平日对卡内基很有偏见的钢铁商人背地里大肆抨击卡内基，搬出了卡内基全部的缺点，一一加以攻击。当卡内基到达而且站在人群中听他高谈阔论时，这个商人还不知道，仍旧滔滔不绝地诉说着。宴会的主人相当尴尬，生怕卡内基忍耐不住，当面加以指责，使这个欢乐的宴会成为舌战的阵地！可是卡内基很安详地站着，脸上挂着微笑。当抨击他的人发觉他站在那里时，反而显得非常难堪，满面通红地闭上了嘴，想从人群中溜走。卡内基脸上却仍然堆着笑容，走上前去亲热地跟他握手，如同没有听到他在说自己的坏话一般。那个攻击他的人脸上一阵红一阵白，尴尬异常。卡内基赶忙笑容满面地递给他一杯酒，让他借着喝酒掩饰自己的窘态。

第二天，那个攻击卡内基的人亲自到卡内基家，再三向他道歉。从此，他变成了卡内基的好朋友，常常称赞卡内基，说他是个了不起的大人物。卡内基的每个朋友都觉得卡内基的笑容永远是那么和蔼，那么安详！

有这样一副对联："眼前一笑皆知己，举座全无碍目人。"没人能轻易地拒绝一个笑脸，哪怕是再死板的一个人，也不会对别人的微笑报以怒目。见面时先来个真挚的微笑，胜过千万句客套的问候。

人脉箴言

微笑不是哈哈大笑、嬉笑、傻笑、龇牙咧嘴地笑，也不是哄堂大笑。微笑只需要轻轻扬眉，淡淡的嘴角上翘，笑不露齿，眼神传情。微笑是发自内心的感情涌动，需要有真挚的情感流露，这才是沟通人与人之间最宝贵的笑容。

脸上看不出来？那就用耳朵听

古罗马皇帝奥勒留在传世著作《沉思录》中这样说道："使你习惯于仔细地倾听别人所说的话，尽可能地进入说话者的心灵。"他是在告诫人们，应当把倾听当作一种习惯，应当通过倾听来了解他人的心声。

法国作家莫洛亚曾经说过："我们要学会做一个好的听众。专心地听别人讲话，是我们能给予别人最大的赞美。上帝给我们两只耳朵一张嘴，就是让我们少说多听。"的确如此，没有见过哪个喋喋不休的人是受人喜爱的，人们都讨厌那种自顾自地一个劲地说，完全不考虑别人感受的人。

美国的汽车推销大王乔治·吉拉德在一生的推销生涯中，卖出了 1 万多辆汽车，其中有一年卖出汽车 1 425 辆，这一记录被载入吉尼斯世界纪录中。在他的工作过程中，有过这样一次经历。

一天下午，一位先生来买车，吉拉德展开如簧之舌向他介

人脉是处出来的
086

绍，眼看那位先生就要签单了，结果却放弃了购买，走了出去。

到了深夜 11 点钟，吉拉德仍在思索这笔生意为何失败，不知道自己错在哪里。平时这时候，他正在回味这一天的成功呢！

吉拉德再也忍不住了，拿起电话打了过去，问那位先生为什么不买他的车。

"现在是晚上 11 点钟。"对方不耐烦地说。

"我知道，很抱歉。但是我要做个比今天卖得更多的推销员，你愿意告诉我究竟我哪儿错了吗？"

"真的？"

"绝对！"

"好，你在听吗？"

"非常专心！"

"但是今天下午你并不专心听话。"那位先生告诉吉拉德，他本来下定决心买车，可是在签字前最后一分钟犹豫了。因为当他提到自己的儿子杰克要去密执安州立大学，准备毕业后当医生，杰克很有运动能力等时，吉拉德却满不在乎，一点兴趣也没有。当时吉拉德一边准备收钱，一边听办公室门外另一位推销员讲笑话。顾客感到自己受到了冷落，感觉吉拉德并不是真的关心自己，他只关心怎样卖出自己的车。因此他决定要给吉拉德一个教训，不买他的车了。

对于身处销售服务行业的人来说，最能够感受到倾听的重要性，因为顾客都希望自己花了钱能接受到最好的服务，都希望自己"上帝"的身份能够得到尊重。其实即使不是消费者，也一样有这样的心理，当你只是选择倾听的时候，对方就像是打翻了话匣子，甚至连自己隐藏在心里的秘密也会向你倾诉。

有一位顾客在某商店购买了一套西服，由于掉颜色的问题，要求退货。售货员便和他争执了起来。商店经理听到争吵声，连忙赶过去。由于经验丰富，非常懂得顾客心理，商店经理三言两语便使已经被售货员气得发疯的顾客恢复了平静。经理究竟采取了什么法宝呢？

原来，经理赶到顾客面前，先是微笑和诚恳地静静听完顾客的抱怨和发泄，等顾客说完，又让售货员说话。当彻底了解清楚争吵的来龙去脉后，经理真诚地对顾客说："真是万分抱歉，我不知道这种西服会掉颜色。现在怎么处理，本店完全听从您的意见。"

顾客说："那么，你知道有什么法子可以防止西服掉颜色吗？"

经理问："能否请您试穿一周，然后再做决定？如果到时候您还不满意，那么我们无条件让您退货，好吗？"

结果一周之后，这位顾客没有再来投诉。

善于倾听无形中起到了褒奖对方的作用，彼此心灵间的交流使双方的感情距离缩短了，可见倾听是建立良好人际关系的一种手段。有时候，一件事情的解决其实比想象的要简单。谈论中你一言我一语往往会出现矛盾，大家坚持各自的观点互不相让。而如果有一方选择倾听，问题自然迎刃而解了。

某大企业有位人事主管，很有些处理人事调动问题的成功经验，即使是被降职使用的职员，他也可以使其心情舒畅地接受调动。

据这位主管介绍，为做好降职职工的工作，不能阐述降他职的道理（即使他做得不好，甚至很糟糕），责备他的不是，而是应该和他个别交谈，先给对方以时间，充分耐心地倾听对方的意见、想法。等到对方把心中的苦恼、牢骚全部倾吐了，且已感到疲倦时，再说："我非常理解您的苦恼。"

听上司这么一说，对方的情绪即可安定下来。然后再继续说："假如我站在您的角度看，我将认为这是一次机会，去小一点的营业所工作，其好处有：一是人际关系好处理；二是可充分发挥你的才干。而且，有不少人就是在小营业所干出了名堂，最后被提拔的。"这样一说，对方的被贬职、受轻视之感就会减轻许多，自然最终也会接受新的工作。

很多时候，人们愿意同你说话，是因为他们想找一个对象发表自己的观点，谈谈自己的看法，并不是因为你特别擅长聊天。这种时候我们就要审时度势，不要认为你一言我一语是对方希望看到的聊天方式，多倾听别人的话，少发表自己的主见，如果别人没有主动问你，你最好是听着，轻声地表示赞同就行了。

人脉箴言

每个人都希望自己的意见被别人接受，这种被满足感是再多的言语也不能表达的。我们需要做的只是倾听，在别人发表意见的时候只需要点头，只需要微笑，别人没有询问你意见的时候，最好不要插嘴，这会让对方感觉到他受到了尊重。

对方锋芒毕露，你不妨以退为进

我们经常看到有些人办事风风火火，刚开始的时候气焰十分高，大有君临天下之势，那种排山倒海的气势似乎在告诉你："这件事非办成不可！"其实这样的人多数都是外强中干，只是想用大阵势来吓唬人。

对付这种气焰嚣张的人，方法其实很简单，来一招以退为进、避其锋芒，就能很好地制伏他。

《左传·庄公十年》中记载，曹刿在向鲁庄公进言时曾说："夫战，勇气也。一鼓作气，再而衰，三而竭。"打仗的时候要一鼓作气击败敌人，如果反复攻打不下，势必影响士气，甚至导致战争的失败。

与人相处与作战一样，如果你避开他的锋芒，总是顾左右而言他，绕着他的话说，他肯定会显得很不耐烦，时间长了定然方寸大乱、心力衰竭，此时你再与之交往，他肯定不会那么心高气傲了。

1898年，继克利夫兰总统之后，美国第25任总统麦金莱，趁当时还是西班牙属地的古巴发生动乱之际，以"缅因"号战舰在哈瓦那海湾爆炸为借口，发动了美西战争。而与此同时，"华尔街大佬"金融巨头摩根，也与"钢铁大王"卡内基开始了一场没有硝烟的战争。

由于美西战争的缘故，使得匹兹堡的钢铁需求高涨。而美西战争最后以美国胜利而告终，使得美国在国际上的声望日渐增高。在这样的背景下摩根向卡内基发动了钢铁大战。野心勃勃的摩根，一心想主宰全美钢铁公司，所以一出手就先拿卡内基开刀。摩根首先合并了美国中西部的一系列中小企业，成立了联邦钢铁公司，同时拉拢了国家钢管公司和美国钢网公司。接着，摩根又操纵联邦钢铁公司的关系企业和自己所属的全部铁路，同时取消了对卡内基的订货。

原以为卡内基会立即做出反应。但与摩根的预想相反，卡内基却纹丝不动。作为玩股票起家的卡内基，他比任何人都明白：冷静是最好的对策。特别在这个关头，自己面临的对手是能在美国呼风唤雨的金融巨头，如果此时仓促做出反应，那最后倒霉的将是自己。卡内基更清楚自己的分量，他深知自己的钢铁业在美国所占的市场，这些市场如果失去了卡内基的支持，势必会有相当一部分企业因此而蒙受损失，到那时，卡内基并不愁自己钢铁的出路——你不要自然有别人要！精通厚黑学的摩根很快意识到自己在这件事上栽了跟头。他马上采取了第二步骤："美国钢铁业必须合并！是否合并贝斯列赫姆，我还在考虑中，但合并卡内基钢铁公司，则是绝对的！"摩根向卡内基发出了这样的信息，甚至他还威胁道："如果卡内基拒绝，我将找贝斯列赫姆。"

别的挑战并不可怕，但是，一旦摩根与贝斯列赫姆联合，对自己显然不妙。在分析了形势、估计了发展后，卡内基终于做出了决定："大合并相当有趣，不妨参加。至于条件，我只要大合并后的新公司债券，不要股票，至于新公司的公司债券方面，对卡内基钢铁公司资产的时价额，以 1 美元对 1.5 美元计算。"1 美元对 1.5 美元，这对摩根来说，条件太苛刻了！但摩根沉默片刻，还是答应了卡内基的条件。卡内基知道，摩根很可能是在想垄断后自己会得到高额利润。商谈达成了协议，卡内基的钢铁业归了摩根。按合约，卡内基钢铁公司的价额以大合并后新组建的联邦钢铁公司的公司债券结清。

卡内基瞅准了摩根的心理，同时抓住了摩根的弱点：你不是迫不及待地想合并吗？行，我答应你，但条件要听我的。这样，以1:1.5的比率兑换了卡内基钢铁公司资产的时价额后，卡内基的资产一下子从当时的2亿多美元跃到4亿美元！

卡内基对付摩根的办法，看似卡内基非常软弱，实际上却充满智慧。当摩根采取第一步时，卡内基无动于衷；当摩根采取第二步骤时，卡内基似乎更未做任何抵抗便"就范"了。卡内基看似让步了，而实际上却取得了一次大的飞跃。对于这种冲动的人，你为他退一步，后来你就能进两步。

人脉箴言

那些横冲直撞的莽人就像是一块棱角分明的石头，你若是直接与之相撞肯定是头破血流。所以最好的方法就是把他放在流水中，让他慢慢冷却，让他在流水的侵蚀下棱角全无，这个时候再拿出来，就是一块光滑的好石材了。

你那么厉害，应该不需要人脉吧

有的人很想摸透你的心理活动，而你自己又极力想掩饰自己的心理活动。尤其是当领导的，更想把自己包裹得严严实实，不能让下属洞察到自己的喜好。

明代大政治家吕坤在其著作《呻吟语》中写道："精明也要十分，只须藏在浑厚里作用。古今得祸，精明人十居其九，唯有浑厚而得祸者。今之人唯恐精明不至，乃所以为愚也。"为人精明是有必要的，但是一定要把这精明的一面用浑厚的方法来悄悄地掩饰，掩藏住自己的真实意图，即要表现得大智若愚。表现得太精明的人，往往十有八九会招来祸端。

我们要善于洞悉他人的意图，但是要尽力地掩藏自己。不要显得比别人聪明，处事不要太过较真，较真容易让人发现你的与众不同，俗话说的"枪打出头鸟"就是这个道理。有时候为了隐藏自己的真实意图，适当地贬低自己的价值也是必要的。

被誉为"清代第一才子"的纪晓岚，就是《四库全书》的总主编，他在福建担任学政期间，曾纳了一个名叫黄东篱的小侍妾，这个小侍妾的父亲自然便是纪晓岚的岳丈大人。这个岳丈大人名叫黄任，原是广东四会县的知县，是个名正言顺的县太爷。可他在县令任上不好好当官，更不好好审案，成天只关心他收藏的那些石砚，人们都不喊他的人名官名，只以"黄砚公"的雅号相称谓，在背后，他自然就被称为"砚痴"。

一次，"砚痴"正在大厅上审案，突然大喊起来："啊呀，我的龙尾砚在那里哭叫了：'赐我以水，润我以龙；干枯苦涩，龙何以生！'对不起，我要去给龙尾砚洒水了。"于是丢下一干犯人、证人，一个人起身走了。试问有谁见过这个样子的知县大人呢？

于是，黄任被同事参弹，说他"爱砚成痴，耽砚误政"，结果被罢官革职，回到了福建老家。人们都百般惋惜，说他好不容易通过科考进士及第才捞到一个知县，却又白白地丢了。

黄任有一个宠爱的年轻侍妾，名叫朱玉，黄砚公罢官回家，朱玉自然随他回到了福建永福。

黄砚公回到家乡后别人更是谁也管不了了，他似乎比当知县时更迷糊了，其"砚痴"的名声更响了，甚至可与宋代的书法圣手米芾相媲美。米芾善于狂草，一醉酒写得来神，所以当时人们说："要叫米芾给你写字，你先得把他醉得晕晕乎乎，他那时候写出来的'醉书'最有风趣。"

可是当时在福建沿海一带，知道大书法家米芾的人不是很多，但一说起来"砚痴"则是人人皆知。

纪晓岚在福建所纳的小妾，就是黄任与爱妾朱玉的女儿。

纪晓岚一到福建省会榕城（今福州），就被黄任接到自己在远郊的家里做客。

此时黄任已是白发苍苍的老人。罢官而归，已近三十年了，黄砚公能不老吗？他以一个山间老翁的身份，倚门拱手欢迎纪晓岚说："砚痴老朽，喜迎学政，还望能有亲切之叙谈。"

纪晓岚本人也是一个至爱石砚的文人雅士，他说："爱砚何痴？试问文人雅士谁能离得开文房四宝，文房四宝又岂能没有砚台？本官倒与黄砚公同病相怜，也是爱砚成癖。晚生可没想到尊处就在这里，黄砚公老家不是在永福么？"

黄任说："永福也算是榕城之近郊，老朽还嫌难走，干脆搬到榕城来定居了。这种茅棚说盖就有，要安个家真是太容易了。"

纪晓岚于是随着黄任进了他的藏砚室，里边大大小小的砚台有一百多方，各种形状都有。纪晓岚一边参观砚台，一边问："黄砚公，传说你坐公堂审着审着案子，突然想起去给砚台洒水，把个审案公堂摆在一边。我想不至于如此笨拙简单吧？"

黄任说："到底纪晓岚非同凡响，叫你看出了一些真谛。你且说说当年的陶渊明，是怎样丢掉了彭泽县令？"

纪晓岚说："果然如此，我早就揣测，黄砚公岂是等闲之人。官居知县，有些案审不明白，更多的是不能审问明白，免得牵扯出案件背后的大人物。于是假借痴迷石砚为名，干脆避而不审，于是被人传说得面目全非。黄砚公倒在'砚痴'的掩护下过起退居林下的生活来了。"

黄任说："老朽退居林下三十年，你第一个猜透了我甘心弃官家居的真相。纪大人的确聪明无比。"

就是在这次晤谈之后，黄任将自己和爱妾朱玉所生之小女黄东篱，亲自许与纪晓岚做小妾，而"黄东篱"的名字就是黄任比拟晋朝陶渊明诗句"采菊东篱下，悠然见南山"而给女儿所取。

心理学研究表明，很多人都会有一种自我优越感，美国著名的书商华纳梅克曾经说："有些人不知道，自己总是随身带着一把放大镜，当他们希望时，就用它来看别人的不完美。"我们的这些优越感很容易表现在自身的行为上，更容易成为别人憎恨攻击我们的理由，要避免这种情况的发生，就一定要掩藏自己的真实意图。

人脉箴言

生活中没有谁会主动说自己的个性张扬或是含蓄内敛，那些看起来阴险狡猾的人，说不定还是一个为人耿直的直肠子。真正深藏不露的人或许在生活中还经常遭人诟病，没人重视，这种人才是掩藏自己的高手，说不定哪天就干出一件大事。

第七章
太过精明会毁了你的人脉

主动示弱并不是一件丢面子的事情，反而是大智若愚的表现。不可能任何时候，你的实力都会强过别人，当你的实力不如别人时，示弱就是正确的生存之道。

会示弱的人才不是真的弱

主动示弱并不是一件丢面子的事情，反而是大智若愚的表现。不可能任何时候，你的实力都会强过别人，当你的实力不如别人时，示弱就是正确的生存之道。

如果你想把事情办成，就得以低姿态出现在对方面前，表现得谦虚朴实，没有恶意。谦虚朴实的表现能让对方感受到你尊敬的态度，没有恶意的行为能让对方放下对你的戒备心理。他们会认为自己遇上了一个弱势的人，而这种时候他们的警惕性往往是最低的，也是你最容易得手的时候。

道格拉斯竞选总统失败之后，对林肯怀恨在心，总想找机会报复一下。一天，道格拉斯在一个公共场合遇见林肯，他不冷不热地说："林肯先生，我初次认识你的时候，好像你是一家杂货店的老板，站在一大堆杂物中卖雪茄和威士忌。真是个有风度的酒店招待呀！"林肯面向在场的众人，回答说："先生们，道格拉斯说得一点不错，我确实开过一家杂货店。我记得道格拉斯先生是我最好的顾客，多少次他站在柜台的那一头，我站在柜台的这一头。不过，现在不同的是，我早从柜台的这一头离开了。可是道格拉斯却依然顽固地坚守在柜台的那一头，就是不肯走。"他的话赢得了在场人们的热烈掌声。

林肯曾开过杂货店，这是事实。当道格拉斯以此嘲笑林肯时，林肯先予以证实，乍看起来这似乎是一种软弱、甘受侮辱的表现，其实却是为下一步的反击做了铺垫。林肯退一步，把他和道格拉斯两人过去和现在各自不同的状况通过对比说明，自己虽然曾经从事过低贱的职业，但是通过长期不懈的奋斗努力，已取得巨大的成绩和进步。相形之下，道格拉斯不过庸庸碌碌，依然故我。这则故事使林肯短兵相接、针锋相对的勇气和反应敏捷的才智得以清晰展现。

示弱只是一种表象，深藏其中的则是你的谋略。当你以低姿态示人的时候，就能够给对方一种心理上的满足感，人们都需要这种满足感，一旦他们被满足了，就愿意帮助你。反过来，你若以高姿态示人，别人就会觉得人格上受到了羞辱，感觉有被使唤的味道，这样即使是名正言顺、理所应当的事情，想要办成也是难上加难了。

一次，一个小青年到一位擅长书法的上司家求他办一件事，话题自然就落在书法上了。小青年谦虚地对上司说："李局长，这些年我虽然努力练字，也费了不少工夫，书法水平却提高很小，恐怕主要还是不得要领，请您稍稍传授点秘诀，指点指点如何？"

李局长自然很兴奋，便滔滔不绝地讲起他的书法"经"来："我最大的体会嘛，就是练字无剑胜有剑，就跟《笑傲江湖》里令狐冲练剑一样，无招胜有招，平时心中多揣摩，多看多记。关键嘛，在于心得，不一定非整天坐在那里练字不可……"

小青年脸上堆满了诚恳的笑，很高兴地说："谢谢你，李局长，现在得您'真传'，以后用心练习，肯定会大有长进。"李局长高兴地拍着小青年的肩，直夸"好，好，有出息"，临别时还送了他几幅字让这位小青年临摹。不用说，以后有什么好事，局长大人自然首先会想到这个曾经向他"请教"过的小青年。

唐代大文豪韩愈在《师说》中写道："古之圣人，其出人也远矣，犹且从师而问焉；今之众人，其下圣人也亦远矣，而耻学于师。是故圣益圣，愚益愚。圣人之所以为圣，愚人之所以为愚，其皆出于此乎？"就是在告诫人们圣人之所以为圣人，就是因为他们善于以人为师，乐以人为师；愚人之所以为愚人，是因为他们从不拜师，认为拜师是一件很丢面子的事情。我们平时求人办事就像一个"拜师"

的过程，看似"拜师学艺"是在向别人示弱，其实却好处多多。拜了师，"老师"自然把你当自己人看，既然是自己人，你的事就是他的事，操作起来不就简单了？

人脉箴言

你谦虚时显得别人高大；你朴实和气，别人就愿意跟你合作；你恭敬顺从，别人就得意扬扬，觉得与你配合默契；你表现得愚笨，别人就愿意用他们的"聪明"来帮助一个"弱者"，来显得他们的高大。无论是哪种情况，最后的赢家其实都是你。

有时候，傻人真的有傻福

大家都不喜欢与傻人计较，因为跟傻人计较是一件很麻烦的事情，无论你对傻人说什么，好像都是"对牛弹琴"。所以人们为了避免浪费自己的口舌，都不会同傻人计较，所以"傻人"是最享福的。

事实上，装"傻"是有智谋的人保护自己的一种处世策略。该糊涂的时候千万不要太明白，太明白了别人就会有防备，就算你的计划再缜密，也不那么容易进行了。在与人交往时，有的人喜欢装"傻"，有的人喜欢表现出自己的聪明，有的人喜欢炫耀自己的才能，不管是哪一种方式，都会有自身的长处。但是，最稳妥、最高超的交际艺术则是选择在某些场合装"傻"。

日本某公司与美国某公司进行一次技术协作谈判。日本公司与美国公司采取了两种不同的谈判方式。谈判伊始，美国首席代表便拿着各种技术数据、谈判项目、开销费用等一大堆材料，滔滔不绝地发表本公司的意见，完全不给日本公司代表发表意见的机会。面对这种局势，日本公司代表则一言不发，仔细听着并埋头记着。当美国公司代表讲了几个小时之后，征询日本公司代表的意见时，日本公司代表此刻显得很迷惑，混沌无知，反反复复地说："我们不明白""我们没做好准备""我们事先也未搞技术数据""请给我们一些时间回去准备一下"。第一次谈判就这样不明不白地结束了。

几个月后，第二轮谈判开始了，日本公司以上次谈判团不称职为由，撤换了上次的谈判代表团，另派代表团到美国谈判。他们全然不知上次谈判中的结果，一切如上一次谈判一样，日本公司代表显得在这个谈判项目中准备不足，最终还是日本公司以研究为名结束了第二次谈判。几个月后，日本公司又如法炮制了第三次谈判。这使美国公司老板大为恼火，认为日本人在这个项目上没有诚意，轻视他们公司的技术和基础，于是就下了最后通牒：如果半年后日本公司仍然如此，两国公司的协定将被迫取消。随后美国公司便解散谈判团，封闭所有的技术资料，以逸待劳，等待至少半年后的最后一次谈判。

没料想，几天后，日本公司便派出由前几批谈判团的首要人物组成的庞大的谈判团飞抵美国，美国公司在惊愕之中仓促上阵，匆忙将原来的谈判团成员召集起来。这次谈判日本公司代表们一反常态，他们带来了大量可靠的数据，对技术、合作分配、人员、物品等一切有关事项都做了相当精细的策划，并将协议书的拟稿交给了美方代表签字。这使美方代表迷惑了，最后勉强签了字，当然其中所规定的某些条款要明显倾向于日本公司。显然日本公司是在了解美国公司的意图后，一鼓作气制定了详细的方案，趁美国公司放松警惕的时候，突然出击，取得了决定性的胜利。

生活中常常听人说某某是"傻中精"，某某又是"精中傻"，其实这些都是个人的观点。真正的"傻中精"是那么容易就看出来的吗？而那些所谓的"精中傻"真的就是人们口中所说的那样吗？这都未必。装傻就是要让人看不透，能够轻易看透的就不是装出来的傻了。所以说，想要隐藏自己真实目的的人，保护自己的利益不受侵害的人，都应该学会装傻的策略。

第二次世界大战即将结束之时，反法西斯联盟的三位巨头，美国总统杜鲁门、英国首相丘吉尔、苏联领导人斯大林齐聚波茨坦进行会谈。会议进行期间，杜鲁门别有用心地对斯大林说美国已经研制成功一种新式杀伤武器，其威力比最先进的导弹还要大许多。他暗示这种新武器就是原子弹。并且反反复复地重复着原子弹的杀伤威力问题。说完之后，杜鲁门双眼一动不动地盯着斯大林的面部，希望从那张沉得如同一潭静水的脸上看出些许变化。但是，杜鲁门失败了。坐在远处的英国首相丘吉尔也在和杜鲁门做着同样的事情，他从另一个角度对斯大林的神态进行仔细观察。但结果和杜鲁门的完全一样。事后，丘吉尔对杜鲁门说："自始至终我都在盯着他的一举一动，但他没有丝毫的变化，好像一直在倾听着你的谈话，仿佛对你们的新型武器早有所知。"本来杜鲁门和丘吉尔打算以此来要挟恐吓斯大林，想在战争结束时多捞取点利益。但见斯大林对此无动于衷，只得作罢。

其实斯大林当时的神情全是装出来的。对于杜鲁门的暗示他听得明明白白，但他努力控制住自己的情绪。会议结束之后，他马上命令自己的科研人员加紧研制原子弹。不久，苏联也成功研制了自己的原子弹。

大家都知道"枪打出头鸟"的道理，有时候你表现得太聪明了并不是什么好事，别人不仅不会夸你聪明，反而会将你的聪明作为他们的攻击目标。所以该装傻的时候还是要装傻，装傻的人不容易遭到别人的攻击，装傻的人能够保全自己。

人脉箴言

在处理人际关系时，有时候装点傻确实能使问题得到更好的解决，特别是在跟不太熟悉的人打交道时，最好是装傻充愣，这样可以避免误会的产生。你想要进一步跟别人交往下去，起初的时候就应该装一点傻，不能让别人觉得你太精明了，而不太愿意和你打交道。

有时候中庸没什么不好

汉高祖刘邦有句口头禅："大事莫碰我，小事莫问我。"也就是说，大事我可不管，我也不能管，管不好反而招来麻烦；小事也别问我，小事自己去解决，问得我"露馅"了怎么办？反正是两头的事情我都不招惹，我只在中间道上走路，这就是"中庸之道"。

"中庸之道"是千百年来人们最为推崇的处世方法，凝结了中国人几千年的处世哲学智慧，可以说，大多数中国人都吃这一套。既然中国人吃这一套，都用这一套，那为什么我们不用？如果不用，就会显得与众不同、格格不入，当一种处世策略变成主流以后，你若是不采用这样的处世策略，就会被人看作是"异己分子"，排除在他们的"大名单"之外。

在近代中国历史上，阎锡山算是这方面的一个典型。阎锡山是山西省的军阀，自1911年辛亥革命成功推翻满清王朝，建立中华民国起，直到1949年国民党政权被赶出大陆为止，将近四十年间，各省的军政要员屡经更迭，唯有山西省，所有军政大权都一直掌握在阎锡山手里，后来国民党政权搬到台湾，阎锡山还曾当过相当于"总理"一职的行政院长，这是什么原因呢？为什么阎锡山能在他有生之年始终不倒呢？实际上就是上面所说的两个字："中庸"，这两个字确保了阎锡山几十年的成功。

1911年的辛亥革命起于湖北武昌，以孙中山为代表的革命派终于结束了数千年来的"皇帝制"，推行了民主共和的新政体，至少在口头上和形式上是这种民主共和的政体。当时各省军政府的最高长官就是都督，阎锡山就是山西省的第一任都督。当时山西省军政府内人员构成十分复杂，存在新旧两派，两派互相排斥，互相倾轧，弄得不可开交。阎锡山本人属于新派，但他并不坚持事事都按新派的意见行事不可。他一贯的面孔是"好好先生"，"你好我好大家好"，谁也不得罪，居中不偏袒，因而得到两派人的共同支持。他给自己安了一个绰号："好好先生"。他对新派人物说，你们要"发火"，找我"好好先生"发，不要再惹别人；他对旧派人物说，你们要"撒气"，找我"好好先生"撒。

这样的"好好先生"谁能去得罪呢？这样的"好好先生"谁能不指望他呢？所以阎锡山生前始终没倒。

有人把阎锡山叫作混世魔王，他说好好好；有人把阎锡山叫作糊涂大汉，他说好好好；有人说他是个汉奸刽子手，他说好好好……总之他像一个糯米粽子，任你怎么搓，怎么捏，扭短了又拉长，拉长了又扭短，他始终不发脾气……可他就是不倒台，成了近代中国历史上一个面团式的人物。其实他比谁都聪明，比谁都心里更明白。

《汉书·东方朔传》中有这样一句名言："水至清则无鱼，人至察则无徒。"你这河里的水太清了，哪条鱼还愿意往里游啊，这不是自找被捕吗？你要求得太严格了，谁还愿意跟你合作？所以说，有时候该"浑浊"一点还是要"浑浊"，不能看得太明白，也不能什么都不明白，即使你明白，也只能藏在心里，不要挂在嘴上。当年东方朔就是因为太明白了，所以虽然很有才华，却一直没有被汉武帝过多地重用，只能在皇帝背后做个出谋划策的"幕僚"。

有时候人不能太聪明了，俗话说，"出头椽子易烂"。当你显得比别人都要高一等的时候，也就是众人联合起来攻击你的时候，人人都有嫉妒心理，千万不要成为那个"众矢之的"。搞关系最害怕的就是地位不对等，一方骄傲自大、目中无人，另一方口中不说，心中却是怒气横生。为人要中庸行事，太过自大的人没有谁会喜欢，当然太过畏畏缩缩的人也没有人愿意跟他合作；太过明白的人，人人都不敢接近；太过糊涂的人，人人也都不待见。

人脉箴言

虽然现在提倡个性张扬，有能力就要展现出来，但是只是在某些特定环境下才能那样做。中庸之道仍然是这个社会最主流的处世观念，也是一个成熟的人最应该掌握的处世哲学。

外圆内方，才能游刃有余

卡耐基说："一个人的成功，只有百分之十五是由于他的专业技术，而百分之八十五却要靠他的人际关系和做人处世的能力。"平时的人际交往中，众人不是看你有多么风光，也不是看你有多种能力，而是看你能不能和各类人和睦相处。

要想做到在各种人际关系之间游刃有余，就必须懂得协调各方利益，分析各人的心理，把握各人的喜好，要找到一个平衡点。有时候，为了大局甚至要不惜牺牲自己的利益，做到谦虚待人，交往有度；有时候，也不能一味纵容，该刚的时候也要刚，但是要让别人看到你的诚意。这就是做人要外圆而内方，方是准则，是做人之本，而圆是通融，是处世之道。

曹雪芹在《红楼梦》一书中塑造的薛宝钗便是这样一个成功的人物，她才貌双全，诗才之敏捷足与林黛玉媲美，而为人处世更是"行为豁达，随分从时，不比黛玉孤高自许，目下无尘，故比黛玉大得人心"。上至贾母，下至小丫头，不管是被归为正面人物的林黛玉，还是属于反派人物的赵姨娘，没有一个不喜欢她的。在《红楼梦》营造的那个庞大而复杂的大家族里，能做到不与一人为敌，还受到众人的尊重，的确不是易事。

首先薛宝钗为人大度，不计小怨，虽然开始的时候林黛玉处处针对她，甚至见她出丑而幸灾乐祸，但日久见人心，薛宝钗的友善逐渐将林黛玉感化，最后两个比亲姐妹还要亲。而薛宝钗的善良也不是只对于林黛玉一个人，她暗中体贴接济家境贫寒的邢岫烟，见香菱羡慕大观园，就说服母亲把香菱带进园中。

薛宝钗在书中的表现更多的是一种"宁静以致远，淡泊以明志"的境界，她不愿与人争与人斗，处世圆滑周到，但也不容许他人对自己随意践踏。"（夏金桂）先前不过挟制薛蟠，后来倚娇作媚，将及薛姨妈，后将至薛宝钗。宝钗久察其不轨之心，随机应变，暗以言语弹压其志。金桂知其不可犯，便欲寻隙，又无隙可乘，只得曲意俯就。"（七十九回）

三十回时，宝钗看戏，因怕热提前走了，宝玉开玩笑说宝钗像杨贵妃，体丰怯热。林黛玉听见宝玉奚落宝钗，心中得意，问宝钗听了两出什么戏。宝钗便笑道："我看的是李逵骂了宋江，后来又赔不是。"宝玉又笑道："姐姐通今博古，色色都知道，怎么连这一出戏的名字也不知道，这叫《负荆请罪》。"宝钗笑道："原来这叫作《负荆请罪》！你们通今博古，才知道'负荆请罪'，我不知道什么是'负荆请罪'！"一句话未说完，宝玉、黛玉二人心里有病，听了这话，早把脸羞红了。

宝钗借一出《负荆请罪》，反被动为主动，由原来的被奚落，到后来的巧妙地使宝玉和黛玉"自打嘴巴"。而当王熙凤突然问他们三人谁吃了生姜时，宝钗见宝玉十分愧疚，便一笑收住，得饶人处且饶人。既不让人轻贱了自己，又不过分逼迫别人，维护尊严与宽容大度交错得极为融洽。

宝钗从不在人后道人长短，即使是姐妹们闲聊，也不见她说对谁有不满，这种谨言的态度也是她受到众人喜爱的原因之一吧。毕竟一个经常指责别人的人，只会让人感到挑剔而难于相处，甚至会让人感到品质恶劣而厌烦。比如中伤晴雯的袭人，就让许多人反感。

宝钗处世的柔婉，进退有度，在十八回元妃省亲时有很好的体现。当时宝玉作"绿玉春犹卷"与元妃先前将"红香绿玉"改为"怡红快绿"相冲，薛宝钗见了，趁众人不理论之时，悄推宝玉，提醒他并教其改正。而六十二回描写行令，黛玉打趣宝玉，"他倒有心给你们一瓶油，又怕挂误着打窃盗的官司"，本意是对宝玉开玩笑，不料彩云有心病，黛玉的话反而让彩云尴尬。这时宝钗忙暗暗地瞅了黛玉一眼，黛玉方知失言，自悔不及。

宝钗在这些场合下表现出的进退有度，都体现了她的良好修养，同时也避免了得罪别人，为自己引来麻烦。这不是虚伪、狡诈，而是一种柔韧的为人处世哲学，是一种圆融变通的处世技巧。

宝钗的处世智慧还体现在一些大局上，在五十六回中，宝钗与探春、李纨谈园中的花费开支，她围绕如何减少开支提出一系列具体的方案，既让园里省钱，又让那些老妈妈们分得一些甜头，使她们更尽心尽力地做事，两边皆欢喜。这份平衡就是凤姐也很难掌握的。

宝钗对人体贴细心，宝玉生病，她会送去药丸，并给予宽慰；黛玉多病，又个性孤僻，她就常和其谈心，最终"金兰契互剖金兰语"；她帮助邢岫烟，暗中体贴接济，但从不让别人知道，是怕邢夫人有不满，反而给岫烟添麻烦。

在薛宝钗身上，我们看到更多的是一种难能可贵的谦虚，一种能忍的大度。贾府本来就是个水很深的大家族，在这样的家族中生活本来就不是一件容易的事情，但是薛宝钗却以一招谦虚为自己赢得了满堂喝彩。

我们在这个社会上生存，就要和人打交道，就得适应社会。即使对社会现状有什么不满，想要改变它，但前提是先要能生存下来，否则一切都是纸上谈兵。如果为人处世不够谦虚、不够谨慎，就会使你四处碰壁，步履维艰；若是能处世得法，则会柳暗花明，左右逢源。这的确是大学问大智慧。

人脉箴言

谦虚最难把握的就是一个度的问题，谦虚得过分了别人就认为你好欺负，谦虚得不够又容易招来敌视。所以说，我们要内方外圆，表面上的待人接物都应该以谦虚为主，只有涉及原则性问题的时候，才予以反驳。

聪明的人不会让别人发现 TA 很聪明

永远不要在别人面前说你有多聪明，你做的事情是多么的完美，即使你并没有什么恶意，没有对比的意思，也会让人觉得你是在说别人比你笨，而不是在说你有多聪明。

19 世纪英国政治家查士德裴尔爵士曾对他的儿子做过样的教导："要比别人聪明，但不要告诉人家你比他更聪明。"古希腊哲学家苏格拉底更是在雅典一再地告诫他的门徒："你只需知道一件事，就是你一无所知。"不要对人说你有多聪明，也就是中国人常说的"守拙"，是一种谦虚低调的人生韬略，他能在你风头正劲的时候为你赢得口碑，能在你实力不济的时候保护你，能在你迅速发展的时候得到帮助。

有一位年轻的纽约律师，他参加了一个重要案子的辩论；这个案子牵涉到一大笔钱和一个重要的法律问题。在辩论中，一位最高法院的大法官对年轻的律师说："海事法追诉期限是 6 年，对吗？"律师愣了一下，看看法官，然后率直地说："不。法官，海事法没有追诉期限。"当时，法庭内立刻静默了下来，似乎连气温也降到了冰点。虽然年轻的律师是对的，法官是错的，但法官却没有因此而脸色铁青，令人望而生畏。尽管法律站在年轻律师这边，但他却铸成了一个大错——当众指出一位声望卓著、学识丰富的法官的错误。结果可想而知。

不显示你的聪明，能为你赢得好感，如果你总是以聪明的姿态示人，一定会招来不必要的祸端。历史上最著名的因为聪明而招来祸端的故事，非三国时期的杨修莫属。

　　杨修的确是一个很聪明的人，他经常为曹操出谋划策，并且每次策划的谋略总是能收到很好的效果。从心里来说，曹操是喜欢杨修的，喜欢他的才能。可是，最终曹操还是将杨修杀了，这是为什么呢？就是因为杨修太骄傲自大了，总是当众表现出自己比曹操还要聪明。

　　杨修的聪明没有用对地方，没有用对地方的聪明往往就是耍"小聪明"，耍"小聪明"的人是最讨人嫌的人。有一次，有人向曹操进贡了一盒美味可口的酥饼，曹操尝了一口觉得味道不错，挺喜欢的。于是，就在盒子上写下了"一合酥"三个字，把酥饼放好后离开了。杨修看见了曹操写的这三个字，居然让众人把这盒酥饼吃光了，曹操回来发现了，并责问杨修为什么要当众分吃他的酥饼。杨修居然还有理有据地回答："丞相不是在盒子上写着'一人一口酥'吗？我怎么能违背丞相的命令呢？"曹操虽然很生气，但是没有发作，不过憋在心里很难受，从这时起，曹操就开始对杨修怀恨在心了。

　　其实，杨修若是早日收敛一些，也不至招来杀身之祸。可是杨修偏偏要显示自己比曹操聪明，他居然越俎代庖替曹操教导起了曹操的儿子曹植。这可触及了曹操的容忍底线，他怎能容忍自己的儿子居然让杨修这个外人如此教导，而且还是教导曹植怎样打击自己的哥哥曹丕，怎样赢得曹操的欢心。曹操眼见着杨修如此羞辱自己的能力，实在是忍无可忍了，终于找了个机会把杨修杀了。

　　不要告诉人家你比他更聪明，这种韬略还可用来维持与改善同他人的关系，特别是当你发现了他人的错误而又不能不指出时，使用这一策略尤其重要。因为无论你采取什么方式直接指出别人的错误：一个蔑视的眼神，一种不满的腔调，一个不耐烦的手势，都有可能带来难堪的后果。因为这等于说："我会使你改变看法，我比你更聪明。"这等于否定了人家的智慧和判断力，打击了人家的自尊心，同时还伤害了人家的感情。如此非但不会改变自己的看法，还要进行反击，这时，即使搬出所有的权威理论和所有铁的事实也无济于事。为什么要给自己增加困难呢？

人脉箴言

在指出别人错了的时候，不要告诉人家你比他更聪明。你可以用若无其事的方式或者也许是你自己错了的方式提醒别人。提醒他不知道的就像是提醒他忘记了的一样，或者提醒他错了就像是提醒他没说清楚似的。这将会收到神奇的效果，无论什么场合，谁都不会反对你说他不对。

把自己放低了，才显得别人更高

贬低自己不是为了自己惩罚自己，而是为了抬高他人的身价，不以抬高他人身价为目的的贬低自己，是完全没有必要的行为。

对于想要同别人搞好关系的人来说，身份的高低贵贱并不重要，重要的是能否让关系畅通。只要能换得人情资本，哪怕是自我贬低，也是值得的。更何况这里所说的贬低并不是真正意义上的贬低，而是一种谋略，说白了只是一种"自保"的行为，只要能够在贬低自己的同时达到感动他人的目的，这种谋略就是成功的。

《鬼谷子》中有一种战略思想可以称作"积弱为强"，当你处于弱势的时候，就要采用一些"软"手段，让别人认为你比他要低上至少一个等级，这样他自然不会对你太在意，甚至还会产生想要帮你一把的念头。

在某一年的年底，日本一家电视台为了制作迎新年晚会，邀请具有知名度的演艺人员共襄盛举，齐聚一堂，当时摄影棚里准备了一桌美味的佳肴，背景也布置得富丽堂皇，节目的性质虽是年节的庆祝会，但演艺人员因心中紧张而个个面色沉重，摄影棚也凝聚了一股严肃的气氛。就在大伙儿面面相觑的时刻，橘家圆藏师父突然摆出一副老天真的模样，竟然吃起摆在桌上的菜肴，还津津有味地说："真好吃，各位，我先用啦。"大家看到师父如此轻松有趣，每个人的心情都放松了，严肃的气氛也顿时消散。那天的录影就这样顺利完成。脱口秀表演者橘家圆藏师父，他贬低自己，把自己当个傻瓜来改善所有人的心情，这要有相当的智慧才做得出来。

我们在贬低自己的时候，不应该有什么心理阴影，不要觉得在别人面前贬低自己面子上挂不住。因为贬低自己的这个行为，只是相对于你面对的这个人而言的，换一个人你不需要做出这样的行为，所以只有这个被蒙在鼓里的人才会相信你是真正的比他低一个等级。而了解你的人都知道你这只是出于客套的谦虚，是一种礼貌。他人不仅不会看低你，还会对你刮目相看，敬重你的为人和风度。

在一家酒店里，公司正在为员工们举办除岁宴会，邀请员工眷属共同参与。于是员工们的先生、太太、孩子齐聚一堂，共享大家一年下来同心协力的成果。然而在这种大众齐聚的场合里，平日谈笑风生的男女员工却禁口无言，个个紧张万分。就在众人情绪不对劲的当儿，有一位男性员工勇敢地站起来同大家打哈哈，企图软化僵硬的气氛。他笑嘻嘻地对着大伙述说自己昔日的失恋经历，炒股赔了不少钱，以及在家中挨了老婆的责骂等故事。当众人听到这位男性员工亲身经历的失败后，整个会场的气氛便开始热闹起来。

贬低自己可以减少乃至消除不满或嫉妒。仔细观察那些事业有成者，很少有人不曾通过贬低自己，以获得更好的机会。有时候遭人嫉妒是难免的，在我们消除不了别人的嫉妒心理的时候，用适当的贬低自己的方式可以将这种消极作用减少到最低程度。交际中，我们必须善于选择贬低自己的内容，比如把自己的一些短处同别人的长项拿来相提并论，在成功者面前说自己失败的经历并谦虚地请教别人成功的经验，在自己拥有一技之长时，总是提到自己的软肋，表示自己还有更多的不足之处。

人脉箴言

同隐藏自己的真实意图不同，贬低自己的行为要明显、清晰，甚至要无限地放大，而不是像潜伏一样不留痕迹。我们在贬低自己的时候，要让别人清清楚楚、明明白白地看到这是在自我贬低，如果不这样做的话，就达不到贬低自己，抬高别人的效果。

主动找"骂"才不是犯贱

指责别人看上去是一件很"爽"的事情，其实不然。它除了能让你在心理上得到一些自我膨胀感以外，你什么也得不到，甚至还会树立敌人。而被别人指责，虽然看上去是你在"吃亏"，但是却能让你多一位"老师"，一位"益友"。

如果你听说有哪个人喜欢"主动找骂"，是否会觉得这个人有问题？可能大多数的人都会这样想。正是因为大多数人都这样想，才让这些主动找骂的人成了人们眼中的"弱者"，自然没有人愿意过多地去责备他什么，也没有人愿意再去过多地攻击他什么。当一种风气成为人们潜意识的时候，如果有人反其道而行之，往往会收到奇效。人际关系有时候就是如此微妙，或许你每天对一个人笑脸相迎别人未必会习惯，甚至觉得你这个人"讨嫌"，不过你若是"主动找骂"，相信没人会拒绝你。因为指责别人肯定比被别人指责心里要舒坦得多，这样一来二去，虽然你是被指责对象，但是在对方眼中，你早就成了"熟人"了。

日本大企业家福田先生在做服务生的时候，常常被老板小松先生责骂。但福田也因为他每次的责骂而得到一些启示，学会了一些事情，所以福田当时总是"主动地"寻找挨骂。只要遇见了小松先生，福田绝不会像其他怕挨骂的服务生那样逃之夭夭，而是恰到好处地把握机会，立刻趋身向前与小松先生打招呼，并态度诚恳地请教说："早安！请问社长，您看我有什么地方需要改进吗？"

这时，小松先生便会对他指出许多需要注意的地方。福田在聆听训话之后，必定马上遵照社长的指示改正自己的缺点。

福田殷勤主动地到小松社长面前请教，是因为他深知年轻资浅的服务生，很难有机会直接和老板交谈，只有如此把握机会，别无他法。而且向老板请教，通常正是老板在视察自己工作的时候，这就是向老板推销自己的最佳时机。所以，小松先生对福田的印象就比任何人都来得深刻，对福田有所指示时，也总是亲切地直呼他的名字，并耐心地告诉福田什么地方需要注意，哪些地方有待改进以及如何改进，等等。

就这样，福田每天主动又虚心地向小松先生讨教，持续了两年。有一天，小松社长对福田说："我长期观察，发现你工作相当勤勉，值得鼓励，所以从明天开始我请你担任经理。"就这样，十九岁的服务生一下子便跃升为经理，在待遇方面也提高了很多。

从福田挨骂获得成长的经历来看，在待人处世中，特别是在与上司接触的过程中，被上司指责和训斥，就是在接受另一种形式的教育。对于小松先生一年三百六十五天的个别教导，福田至今仍然感谢不已。

不要讨厌或害怕挨骂，妥善运用上司和你之间"骂与被骂的关系"，是促进双方了解的第一步。实际上，长年累月地领别人的薪水做事，不可能连一次骂也没有挨过。你应好好利用这些机会，把挨骂技巧当成一种重要的待人处世的厚黑技巧，并能利用挨骂给上司留下良好的印象。在古代，有些大臣们为了哄皇帝开心，往往会故意出一些无关痛痒的小差错，故意让皇帝看见，皇帝自然会"毫不客气"地指出这些"差错"，责备臣下犯的小错误，以显示自己的皇权威严。这个时候，臣下再大呼："皇上真是英明，若是换了别人肯定看不出这么细小的问题。"这一招定会把皇帝心里捧得美滋滋的，以后皇帝就会经常注意这位臣下的小错误，久而久之还不就成了皇帝身边的红人。

人脉箴言

在任何单位，最没有前途的人，就是被上司忽视的人。在被人责备时，尤其是被上司责备时，我们要摆正心态，要不以为耻，反以为荣。我们可以这样想，这是在培养自己、教育自己，在给自己面子，在众人当中，只有自己才值得特别地被上司责骂，在公司所有职员里是最有前途的，更可以认为"他对我充满期待"而感到骄傲。要不怎么会有那句话："爱之深，责之切。"

不是什么关系都可以用

有些人一遇到麻烦事就喜欢把自己的关系拖出来帮忙解决，这其实是一个坏毛病。不是所有的关系都适合用来解决难事的，也不是任何时候、任何地方只要用关系就能行得通的。

有句俗话叫作："拉大旗作虎皮。"老虎是山中兽王，谁见了都害怕，如果行走在山林之中，能够打着老虎的旗号，就一定没有哪个敢来打劫你。但是"拉大旗作虎皮"的做法并不是在任何地方都适用的，如果你身处在围猎场、动物园，你再假扮老虎，那就成了众矢之的了吗？所以说，有强硬的关系固然是重要的，但是千万不要动不动就把关系搬出来，弄不好的话反而会弄巧成拙，甚至有可能失掉强硬的人际关系。

魏忠贤是个什么人呢？他本名魏启贵，河间肃宁人。年轻时一味好赌，又常常输多赢少，欠下很多赌债，债还不清，乃自阉生殖器，改名李进忠于万历年间进皇宫当了宦官。此时他又被皇上赐魏姓，名忠贤，从此才有了魏忠贤这个名字。

魏忠贤于明神宗朱翊钧万历年间进宫当宦官，当时并没有得到重用。魏忠贤与神宗朱翊钧的孙子朱由校的乳娘客氏私通。于是到朱由校继位成了熹宗皇帝之后，魏忠贤及其姘妇客氏便大得宠幸。魏忠贤成了太监总管并掌管东厂事宜。东厂是明朝专设的机构，由宦官统领，权势与锦衣卫相若，专门缉访查办对朝廷不满的言行，实际就是特务间谍，是皇上的忠实鹰犬。

魏忠贤掌管了特务机关东厂之后，残害忠良，扼杀黎庶，整个明朝几乎成了一座大炼狱，朝廷的忠臣杨涟、左光斗等一二品大臣，有不少被魏忠贤残害至死；黎民百姓更是苦不堪言，难见天日。当时魏忠贤的名声臭不可闻，有一首俚谚唱道："魏忠贤，死不贤；东厂坏，杀人卖；全国一炉火，躲都没处躲；放火大屠夫，杀人不杀猪；名曰魏忠贤，天下第一奸……"

可以想见，魏忠贤当时已经成了世人皆曰可杀的大恶魔。他除了凶残、恶毒，已没有任何人性可谈。当时只要提到魏忠贤，没有一个人不咬牙切齿，恨不得将他生吞活剥。

可偏偏还有人想起拉起魏忠贤这面"大旗"来作虎皮。

魏忠贤的姐姐嫁给姓傅的为妻，他的外甥当然姓傅。魏忠贤的嫡亲外甥已被他弄到皇宫里当了一个只拿官薪不干事的闲官，而其他那些姓傅的人，便都借着魏忠贤的这面"大旗"，挂出"傅氏车马行""傅氏南货店"等牌子，还公开宣讲"傅氏"就是东厂提督魏忠贤魏公公的外甥大族，要背靠魏公公"魏忠贤这棵撑天大树乘乘凉"，这明显是拿魏忠贤的"大旗"作"虎皮"了。

可是没出半年，所有这些"傅氏车马行""傅氏南货店"老板，就全都莫名其妙地被杀了，连他们的未成年子女也都无一幸免，全部突然失踪，再也不知去向。

明眼人谁不明白，这些拉着魏公公"大旗"作虎皮的人，都已被愤怒的黎庶们暗暗地收拾了。可见像"魏忠贤"这样的奸恶"大旗"是作不得虎皮的。

有时候，本来可以用常规的方法解决的问题人们偏偏不要，非要通过关系解决问题。这样费时耗力不说，还要欠下一大堆的人情债等着你去还。要是再遇上一个眼里揉不得沙子的人，看见你有正常途径不走，偏要走关系，就硬拖着不给你办，你也只能哑巴吃黄连，有苦说不出了。

人脉箴言

美酒虽好也不能贪杯。一些好的人际关系要用在关键的时刻，平时要珍藏起来，细心维护，如果动不动就拿出来用，就不是贵重的关系了，这样的关系只会慢慢贬值，最终消失殆尽。

第八章
人脉不够，就不要轻易上商场

商场如战场，在商场上只有一条生存法则——没有永远的朋友，只有永恒的利益。生意场上是各个利益集团的博弈，而不是各种交情的沟通，生意场上不能谈交情，也没人跟你谈交情。

在商言商，在私言私

商场如战场，在商场上只有一条生存法则——没有永远的朋友，只有永恒的利益。生意场上是各个利益集团的博弈，而不是各种交情的沟通，生意场上不能谈交情，也没人跟你谈交情。

中国人总说"无商不奸"，其实这话有误解成分。商人不是奸，而是在为各自的利益群体服务，他不能只考虑到自己的情感关系，他首先要考虑自己能不能获得利益，使商铺生存，使手下的员工生存，使自己的合作伙伴像他一样有利可图。其实商人也要考虑众多的利益关系，这样的利益关系相互串联，维持着一个庞大人群的生存问题。所以说，商人们应该做到"在商言商，在私言私"，平时下了班大家是朋友的可以坐在一起开怀畅饮、无所不谈，但是上了班就该把一切的情感因素抛到脑后，为了各自的商业利益拼搏。

契斯特·洛兹是美国富商，他白手起家，在大老板贾奈的大力关照下，迅速发展起来，最终竟把贾奈的工厂一口吞下。

洛兹最初开了一家小店，专门经营袜子，在经营的过程中，与一家大制袜厂的老板贾奈相识。后来他把小店转让，决定也开办一家制袜厂，就与贾奈协商，希望贾奈的销售网络能帮他销售产品。

贾奈以前对他一直很关照，但双方很快将成为商业上的竞争对手，如果再像以前那样，就相当于把自己的生意拱手让给别人，贾奈有些不情愿。洛兹故意轻描淡写地说，他的产品是微不足道的，最多只有贾奈的百分之一，不会对贾奈的生意造成冲击；而且这种状况也不会持续太长时间，他的经营一旦走上了正轨，就会自办销售的。

好心的贾奈同意了，还建议他使用自己的商标，因为他初出茅庐，不大可能很快被市场认同，但洛兹却不愿意，他决心生产有竞争力的特色产品，以自己的商标来占据市场，为日后的发展打下基础。袜子生产出来了，他又一次前去请贾奈帮忙。他拿出广告费，请贾奈帮他做一次广告，让世人知道贾奈将代销他的产品。贾奈帮人帮到底，又爽快地答应了。于是，他的产品借着贾奈的声势，很快在市场上打开了销路。看到形势大好，他立刻与其他销售商进行广泛的联系，让自己的产品更快、更广地抢占市场。一年之后，他又向银行贷了一大笔款子，把原来工厂的规模扩大了3倍，生产能力和经济效益都得到了大幅度的提升。

与此同时，他又大胆出击，果断吸收了几个小型的制袜厂，使自己的生产规模进一步扩大，市场份额越占越多。这下轮到贾奈痛苦了，他的生意正逐渐萎缩，收益正不断下降，更令他气恼的是，洛兹吞并的小厂中，有几家原本是属于他的。贾奈怒发冲冠地前去质问洛兹，洛兹想起贾奈对自己的种种好处，自感惭愧，就做出了一个无奈的决定，从制袜业中退出来，转而去投资服装业。

缺少了强有力的竞争对手，贾奈本应顺势而为、大展宏图才对。但在市场中搏击一生的贾奈明显地老了，生产规模扩大得太快，他没有能力再重振雄风了，工厂的效益仍在继续下滑，迫不得已，他只好做出关闭公司的决定。洛兹听说后，就专程前去拜访贾奈，提出自己愿意收购贾奈的公司，贾奈只好接受了这严酷的现实。

至此，洛兹的意图才终于大白于天下。他对自己的经营能力很自信，曾向别人夸耀说："我有兴趣和任何人合作，但有一个条件，就是他们必须要听我的。这似乎有点不合情理，但对合作者却是毫无害处的，因为我不做错误的经营决策。"

贾奈犯了商家大忌，怎么能把友情关系用到商场上来呢？生意场上的竞争如此激烈，岂是"谈情说爱"的地方，该厚脸时就厚脸，其他商人只会因为你的厚脸而敬重你，不可能看不起你。我们首先要利用各种方法服务于自己的利益，如果连自己都生存不了，怎么支持他人。这样的理念用在生意场上是最合适不过的，很多商人之间也彼此认识，他们也相互合作，但是从来不会说因为我们俩的关系好，在这个项目上我就多吃点亏，让你多占点便宜。

人脉箴言

成功的商人在生意场上都是不讲私交的，他们把情感和商业关系分得很清楚，私下里怎么说都无所谓，生意层面上就要寸步不让。因为所有的商人都这样做，如果你不这样做，吃亏的就是你，当所有人都这样做时，整个环境就改变了，没有人会说你这是阳奉阴违。

"商""私"真的要区别对待

职场是一个很死板的环境，里面没有过多的感情因素，更多的只是如铁一般牢固的规章制度，办公室里的条条框框，上下分明的等级观念。职场虽然有职场的规则，但是这并不是职场的全部，职场也可以有人性化的东西。

公司是一个集体，集体就有集体的规矩，在规矩上应该死板，不死板就不能管理好一个团队，不死板就谈不上企业管理。但是在规矩之外还有大片的空白可以用来做文章。比如说怎么讲求效率，整天讲求制度，但是领导与员工之间、员工与员工之间，就是人性化的东西，领导就可以用人文的关怀来对待员工。

本田公司是在美国制造日本汽车的第一家公司，也是第一个将日本小车返销到日本的制造商。那么，本田的美国制造有限公司（HAM）是怎样创造了一个培养合作精神的内部环境的呢？

在 HAM，你是看不到私人停车场的，更看不到私人餐

厅，而这些在其他国家的一些大公司里则是司空见惯的。本
田公司的员工，从流水线上的工人到工厂的经理，每个人都
在同一间餐厅内就餐，工程师们和经理们不仅与生产工人并
排坐着用餐，而且在大多数的时间里，还与工人们在车间里
一起工作。他们不仅仅是在贯彻实施新的设想，更多的是亲
身投入到零部件的装配等具体工作中去，而不在乎自己的双
手是否被弄脏。同样的，HAM 中没有私人办公室，取而代
之的是宽敞、开放式的办公场地，人人肩并肩地伏案工作。

　　本田公司创造了一个培养合作精神的工作环境。不设置
私人办公室、停车场和餐厅，鲜明地显示出本田不愿将他的
员工分割成人才和庸才两个阵营，使每一个本田人都感觉到
他或她同属于一个集体。创业之初，公司创始人本田宗一郎
就大力强调青年人的作用。他坚信必须有最杰出的人才来为
公司工作；资深职员从来不是高级职位的优先人选。他十分
欣赏青年人渴望向陈规陋习挑战的开拓性思维方式，青年员
工被鼓励说这类话："哪里的低级职员不敢于向他们的上司
职员挑战，哪里就没有进步。"由此可见，人人平等、人人
合作的内部环境是激励人们奋发进取、天天向上的重要
因素。

　　表面上商人应该保持神秘，保持严肃，保持刻板，这些都没错，
但是这只是对外。所谓对外，就是指对待你的商业竞争对手，而对待
员工就要亲切，就要像一家人一样。如果与员工的距离拉近了，整个
企业的凝聚力无疑就会增强。

　　20 世纪 90 年代初，韩国浦项钢铁公司已成为世界第三
大钢铁企业。在 20 多年的时间里，浦项能取得如此辉煌的
成绩，主要在于其创始人朴泰俊在浦项培育出了独具特色的
企业文化，形成了和谐的"一家人"气氛。

　　在浦项，从普通工人、行政秘书到副经理，都身着金黄
色的工作服，管理人员穿米色夹克衫。公司还一改过去实行

的蓝领和白领工作者分开的两种工资单，形成奖励资历与能力的单一工资制度。公司的职务晋升制度使普通工人与职员处于同等地位，干什么工作取决于个人的能力。即使得不到晋升，每位职工每年也能拿到相应的薪金增额。资历在公司中有重要作用，两人相遇，年轻者要向年长者鞠躬；计算退休金，工龄是一个重要的参数。公司还鼓励职工终身学习，不断提高技术和能力。在浦项钢铁公司，"技术能手"和"技术圣贤"是最受尊敬的人。公司的各类人员中的收入差别也较发达国家低得多，工人和总经理一样，每月领取基本工资和一笔按比例发放的奖金。

为了追求人与人的和谐，公司形成了许多制度，使得职工和决策者之间保持着独特的联系。如"直接邮寄制度"规定，任何职工都可以把自己的意见和建议直接寄到总经理手中。管理人员还定期与全体职工进行交流，包括每月一次的车间会和每周一次的监督会，从而形成了有效地进行上下沟通的信息网络。公司处理工人和管理部门之间的矛盾，都是通过16人组成的劳动关系委员会。该委员会由8名管理人员和8名工人组成，它还决定一年一次的工资增长数额。

其实很多企业之所以效益不好，并不是因为自身的产品没有竞争力，而是因为企业内部的关系没有处理好，企业的领导与员工没有拧成一股绳。攘外必先安内，如果内部的关系都没有处理好，何谈对外战略？就像一个人一样，如果自己的心态都没有摆正，怎么能够以正确的方法同别人交往，怎么能够得到别人的认可呢？

人脉箴言

我们讲求"在私言私"，什么是"私"，企业内部就是"私"，企业的每一个员工都是企业的宝贵财富。作为商人老板，就要分清公私。对"私"应该关怀，对"商"应该厚黑，这样的内外兼修之道才是企业成功的关键。

没有谋略的商战注定是失败的

在生活中对别人耍手段可能是一件不怎么光彩的事情，但是在商场上，这种情况就司空见惯了。大家为了各自的利益适当地应用商业手段、玩商业阴谋，这些都是无可厚非的事情。

公司之间的竞争，往往是当面一套背地里一套，关键已经不在于你要不要耍手段，而在于你会不会耍手段，耍的手段高不高明。或许你今天正在与一个公司亲密地谈判着合作事项，明天就谈判破裂，落井下石了，这并没有什么不对，只要有更高的利益，当断就该断。还是那句话，"无商不奸"是有一定道理的，商人要是不会"奸"，这个世界上就没有商人这类群体了。

新加坡政府决定拨巨款办航空公司，可是拨多少不知道。筹建者宣布，政府拨巨款建航空公司，准备购买10架飞机。当时，世界航空业不景气，他们趁美国波音公司股票下跌之际，用政府拨的5亿美元买了波音公司的股票，然后在报上宣布将购10架飞机，并有意透露可能买波音公司的飞机。这样一来，波音公司的股票飞速上涨，当涨到最高点时，他们将股票全都抛了出去，5亿变成了10亿。接着，波音公司的股票又往下跌，飞机售价也跌了，2亿一架的飞机跌到了1亿，他们便立即购买了10架飞机，正好花了10亿美元。有了10架飞机，新加坡航空公司办了起来。由于购买飞机的成本很低，它的机票也就很低，比别人低一半，生意红火，结果挤垮了其他航空公司。别的公司抗议，逼得他们只好提价，但是新加坡航空公司并不甘心。他们在提价的同时，做出了第二个决定，同旅行社合作，宣布凡是乘坐新加坡航空公司飞机的乘客，到新加坡期间的衣食住行玩乐全免费。表面上旅行社付钱，实际上是航空公司付钱。这样，别人当然愿意坐新加坡航空公司的班机了。

《厚黑学》教我们在关键时候要厚得下脸，在它的"求官六字真言"中有一个字是"贡"，这是四川话，意思是看见哪里有缝隙就要往哪里钻。生意场上就该如此，找准对方的心理弱点，朝这个弱点一阵狂轰滥炸，如果你关键时刻心慈手软，说不定下一秒钟生意就溜走了。

1973年，苏联人在美国放风说，打算挑选美国的一家飞机制造公司建造一个世界上最大的喷气式客机制造厂，该厂建成后将年产100架巨型客机。如果美国公司的条件不适合，苏联就同英国或联邦德国的公司做这笔价值3亿美元的生意。

美国波音飞机公司、洛克希德飞机公司和麦克唐纳·道格拉斯飞机公司三大飞机制造商闻讯后，都想抢到这笔"大生意"。所以，便背着美国政府，分别同苏联方面进行私下接触，苏联方面则在它们之间周旋，让它们竞争，以更多地满足苏方的条件。波音公司为了能够抢到这笔生意，首先同意苏联方面的要求：让20名苏联专家到飞机制造厂参观、考察。在波音公司，苏联专家被视为上宾，他们不仅仔细参观了飞机装配线，而且钻到机密的实验室里"认真考察"。他们先后拍了成千上万张照片，得到了大量的资料，最后还带走了波音公司制造巨型客机的详细计划。波音公司热情地送走苏联专家后，满心欢喜地等待着他们回来谈生意、签合同。岂料是肉包子打狗，有去无回。

不久，美国人发现了苏联利用波音公司提供的技术资料设计制造了伊柳辛式巨型喷气运输机。这种飞机的引擎是美国罗尔斯·罗伊斯喷气引擎的仿制品，而且有关制造飞机的合金材料，也是从美国获得的。原来，苏联专家穿了一种特殊的皮鞋，其鞋底能吸引从飞机部件上切削下来的金属屑，他们把金属屑带回去一分析，就得到了制造合金的秘密。

波音公司只是一个公司，而不是政府，所以他们的首要目的是追求利润，而不是什么意识形态。苏联也正是看准波音公司的这种心理，才达到了自己窃取商业情报的目的。苏联明白这么一大份商业订单的"诱惑"，波音公司肯定是抵挡不了的，这样才能使他们放松警惕。从道义上来说，苏联本来应该跟波音签署合作协议，但是商业竞争就是这么残酷，该下黑手时就要下黑手。

人脉箴言

中国的古钱币是一个内方外圆的形状，商人也应该像这个古钱币一样，为商要做到"内方外圆"。即是说商人的品格不能失，为商的准则要遵守，可是在具体的商业操作中，就要圆滑一些，圆滑就是要讲谋略手段，这才符合商人的本质。

人脉，其实就是一场场礼尚往来

俗话说："舍不得孩子套不着狼"，斤斤计较的人是做不了商人的。即使你实在狠不下心舍掉"孩子"，至少也应该舍掉"几斤肉"，要不然"狼"是不会上钩的。

要想进入一个新领域、一个不熟悉的领域，首先要做的就是打通这个领域内的关系，摸清这个领域内的"潜规则"。在这个打通关系、摸清规则的过程中，势必要吃一些亏，交一些"学费"，这都是免不了的。交"学费"要交得慷慨大方，吃亏要吃得无所谓，这样才能让这个圈内的前辈们放心，你才能慢慢融入。

美国可口可乐公司，为了打开可口可乐在中国的市场，不是一开始就向中国倾销商品，而是采取"将欲取之，必先予之"的办法。先无偿向中国粮油进出口公司提供价值400万美元的可乐罐装设备，花大力气在电视上做广告，提供低价的浓缩饮料，吊起你的胃口，使你乐于生产和推销美国的可乐。一旦市场打开之后再要进口设备和原料，他就要根据你的需求情况来调整价格，抬高价钱啦。多年来，美国的可口可乐风行中国，生产企业由一家发展到多家，销量由几百吨发展到上千万吨，价格也是不断提高。美国商人赚足了钱，无偿供给中国设备的投资早已不知收回多少倍了。

1988 年，美国现代玩具巨商——孙之宝跨国公司推出的"变形金刚"玩具在亚洲市场上销售额不过 50 万美元，如此惨淡的营业额使孙之宝认识到若不及时扭转，自己在亚洲儿童玩具市场将很难有大的作为。但孙之宝并不是运用人们习以为常的广告大战，而是采取"诱导促销"的战略，将公司精心制作的儿童电视动画片《变形金刚》无偿赠送给亚洲各地电视台播放。变幻莫测的"金刚"不仅诱惑着无数儿童的心，甚至一些青少年、成年人也被深深地吸引了。从此，在亚洲市场掀起了一场声势浩大的"变形金刚玩具潮流"。不出两年时间，该公司的玩具销售额剧增到 400 万美元，在 1988 年的基础上一下翻了六番还多。

从来都没有不付出就能得到回报的好事，商业游戏就是一个先投资后回报的不断循环的过程，投资在先，回报在后。在商场上，没有利益的驱动是很难达成合作的，更不用说什么双赢的局面。你不舍弃一些东西，让你的合作伙伴尝到甜头，你肯定也得不到更大的甜头。

人脉箴言

"欲先取之，必先予之"，这是千古不变的真理，尤其是在经商过程中更是如此。没有前期的投入，哪有将来的回报，不要看眼前的损失，要看今后的市场份额和顾客口碑。

论装笨的重要性

领导也是人，是人就需要得到他人的肯定，是人就需要自我满足，所以领导也喜欢别人说他聪明，谁要是说他聪明，他肯定就对谁好。

作为一个下级，考虑领导的感受是为人处世的必修课，这不是说让我们阿谀奉承他，只是为了我们能够更好地与之相处。和谐的上下级关系，不仅能够使你的工作更好地开展下去，还能加深你与领导之间的感情。

当然，领导是高高在上的，下面所有的人都注意着他的一举一动，所以领导出于面子，不可能明着要你说他聪明。"懂事"的人都知道，显示上司的聪明也需要委婉，要不露声色地进行，要让别人觉得是你做了错事被领导指出，而不是领导为了显示他的英明故意找你的茬儿。

乾隆时期，满朝大臣也喜欢对乾隆皇帝察言观色，后来他们发现乾隆的一个癖好——爱听奉承话，但又不喜欢看到人们是在当面吹捧他。他非常喜欢谈文讲史，对文史的整理工作特别重视，在刊印《二十四史》时怕有误，常亲自校勘，每次校勘出一个差错，就觉得是做了一件了不起的大事，心里特别痛快。这样，大臣们为了迎合他的心理，就在抄写给他的书稿中，故意在明显的地方抄错几个字，以便"宸翰勘正"。这实际上是变着法儿讨他高兴，乾隆会当面指出大臣的错误，然后大臣们就会连声赞叹皇上的英明，自叹不如。这样做比当面奉承效果好得多。

功高不要盖主，这是古时人为臣的处世哲学，历史上诸如韩信一样功高盖主者往往都招来了杀身之祸。哪怕功劳的确是你一个人的，也要想着分领导一份，还要客气地说："其实我是在领导的英明指挥下才能顺利地完成这项任务的。"

王某在某机关宣传处工作，有一天，处长突然叫他整理一个劳动模范的先进事迹。据知情人士透露，这其实是一次考试，它将关系到王某能否继续在机关待下去。本来这样的材料对他来说，可谓"张飞吃豆芽儿——小菜一碟"，但他有了无形的压力，便不得不格外用心。花了整整一个通宵，写好后反复推敲，又打印得工工整整，把字体设计得极为漂亮。第二天一上班，王某就把材料放到了处长的办公桌上。

王某办事既快又好，而且在内容、结构上也没有什么可挑剔的，处长当然非常高兴。可是，处长越往后看，笑容越淡了。末了，他把文稿退了回去，什么意见也没提，只是让王某再认真修改修改，满脸的严肃，真叫人搞不清到底什么地方出了差错。然而，就在王某满脸疑惑地转身要走时，处长像突然想起了什么似的说道："对，对，那个副局长的'副'字不能写成'付'，改过来，改过来就行了。"

这么简单！处长又恢复了先前高兴的样子，还一个劲地夸道："写得快，不错。"考试自然过关，还是优秀！

显然，从这件事中，我们可以得到这样的启示：对于上司交办的事情，一定要尽可能地争取时间快速完成，而不要过分纠缠于办事的细节和技巧。因为如果你把事情处理得过于圆满而让上司挑不出丁点毛病的话，那就显示不出上司比你高明了。否则，当上司的就会感到你有"功高盖主"的危险。

人脉箴言

与领导打交道，要把自己的位置摆得尽量的低。领导交给你一件事，你把它办得滴水不漏，似乎连领导也做不到这种程度，这不是让领导觉得很没面子吗？这不是说领导不如你聪明吗？所以，我们在办事的时候，不妨多请教请教领导，让领导做出一些"指示"，而你似乎只是照着领导的指示执行后，才把事情办得滴水不漏的。

职场上也许没有朋友，但是有人脉

在职场生存本身就是一件不容易的事情，不但要处理好上下级关系，还要处理好与同级之间的关系。如果你没有处理好同级之间的关系，遭到了孤立，即使你业务能力再优秀，领导也可能会忍痛割爱辞退你。

职场上，竞争是在所难免的，但不要"风声鹤唳，草木皆兵"，要有团队精神。有团队精神就是要跟同事关系和谐，不能过于死板，大家要相互合作，共同进退。斯坦福大学的管理学专家哈罗德·莱维特教授说："要想成就大事，人们必须与他人共同工作，而这就要求你有集体感。"只有我们在做事情时与同事之间的关系搞融洽了，做到"有难同当""有福同享"，这样才会更多地得到大家的认可，越是居功自傲，越是受人轻视。

　　杨炎与卢杞在唐德宗时一度同任宰相，卢杞在平时不注意衣着吃用，穿得很朴素，吃得也不讲究，人们都以为他有祖风，却没有人知道卢杞本人是一个善于揣摩上意，很有心计，貌似忠厚，实则以厚脸皮来取得别人信任的人。卢杞除了巧言善辩，别无所长，但嫉贤妒能，脸厚心黑，使坏主意害人却是拿手好戏。但大奸似忠，卢杞靠着左右逢源的厚黑之道，很快就由一名普通的官员爬上了宰相的宝座。与卢杞同为宰相的杨炎，是中国历史上著名的理财能手，他提出的"两税法"对缓解当时中央政府的财政危机立下了汗马功劳，受时人的尊重和推崇。

　　然而，博学多闻，精通时政，具有卓越政治才能的杨炎，虽然有宰相之能，却没有宰相之度。尤其是在处理与同僚的关系上，他恃才自傲，目中无人，特别是对卢杞这样的小人，他压根儿就没放在眼里。两人同处一朝，共事一主，但杨炎几乎不与卢杞往来。按当时制度，宰相们一同在政事堂办公，一同吃饭，杨炎因为不愿与卢杞同桌而食，便经常找借口在别处单独吃饭，有人趁机对卢杞挑拨说："杨大人看不起你，不愿跟你在一起吃饭。"

　　因相貌丑陋而内心自卑的卢杞自然怀恨在心，便先找杨炎手下亲信官员的过错，并上奏皇帝。杨炎因而愤愤不平，专门找卢杞质问道："我的手下有什么过错，自有我来处理，如果我不处理，可以一起商量，你为什么瞒着我暗中向皇上打小报告!"弄得卢杞很下不来台。于是，两个人的隔阂越来越深，常常是你提出一条什么建议，明明是对的我也要反对；你要推荐那个人，我就推荐另一些人，总是较着劲、对着干。

卢杞与杨炎结怨后，千方百计图谋报复。他深知自己不是进士出身，面貌又奇丑，才干更无法与杨炎相比，但他凭借厚黑之才，极尽阿谀奉承之能事，并逐渐取得了唐德宗的信任。

不久，机会终于来了。节度使梁崇义背叛朝廷、发动叛乱，德宗皇帝命淮西节度使李希烈前去讨伐，杨炎不同意重用李希烈，认为此人反复无常，对德宗说："李希烈这个人，杀害了对他十分信任的养父而夺其职位，为人凶狠无情，他没有功劳都傲视朝廷，不守法度，若是在平定梁崇义时立了功，以后就更不可控制了。"

然而，德宗已经下定了决心，对杨炎说："这件事你就不要管了!"谁知，不会察言观色的杨炎并不把德宗的不快放在眼里，还是一再表示反对用李希烈，这使本来就对他有点不满的德宗更加生气。

不巧的是，诏命下达之后，赶上连日阴雨，李希烈进军迟缓，德宗又是个急性子，就找卢杞商量。卢杞看到这是扳倒杨炎的绝好时机，便对德宗皇帝说："李希烈之所以拖延徘徊，正是因为听说杨炎反对他的缘故，陛下何必为了保全杨炎的面子而影响平定叛军的大事呢？不如暂时免去杨炎宰相的职位，让李希烈放心。等到叛军平定以后，再重新起用，也没有什么大关系!"

这番话看上去完全是为朝廷考虑，也没有一句伤害杨炎的话，卢杞用厚黑术排挤人的手段就是这么高明。德宗皇帝果然信以为真，就听信了卢杞的话，免去了杨炎的宰相职务。就这样，杨炎因为不愿与小人同桌就餐而莫名其妙地丢掉了相位。

从此卢杞独掌大权，杨炎可就在他的掌握之中了，他自然不会让杨炎东山再起的，便找茬儿整治杨炎。杨炎在长安曲江池边为祖先建了座祠庙，卢杞便诬奏说："那块地有帝王之气，早在玄宗时代，宰相萧嵩就曾在那里建立过家庙，因为玄宗皇帝曾到此地巡游，看到此处王气很盛，就让萧嵩把家庙改建在别处了。如今杨炎又在此处建家庙，必定是怀有篡权夺位的谋反野心！近日长安城内到处传言：'因为此处有帝王之气，所以杨炎要据为己有，这必定是有当帝王的野心。'"

什么！杨炎有"谋反篡位"之心？岂能容之！于是，在卢杞的鼓动之下，勃然大怒的德宗皇帝，便以卢杞这番话为借口，将杨炎贬至崖州（今海南省境内）司马，随即下旨于途中将杨炎缢杀。

想要与同事之间搞好关系，就要学会夹着尾巴做人，要控制好自己在工作中的骄纵脾气。职场中，晋级、加薪、工作调动、人事任免等，这些都会牵动人们本已紧张的神经。在这种情况下，理智地控制自己的行为，夹着尾巴做人，就显得尤为重要了。

某医院晋级评职称，10个中级职称的指标让医生占去了9个，只有一个名额给护士。有6个护士符合要求，其中有三个是同一级毕业，同一年做护士的，余下三个则晚一届。当然，按照论资排辈的铁律，这一指标要在前三位中选出一个。三人之中有一个是护士长，有一个发表学术论文比较多，且发表的杂志级别比较高。第三个则一切平平，除了年限到了之外，再无任何优势可言。第三个人当然也想得到，争了一段时间，眼看毫无指望，便偃旗息鼓，不再争了。第一、二位相执不下。第一位不仅是护士长，且与一位院长私交很好，这位护士长人前人后拼命活动，最后当然得到了。消息刚传出来，评上中级职称的护士长竟然当着众人的面大骂那个与她争职称的女护士，大家自然议论纷纷，除了说她缺乏起码的教养外，更看不起她那种得了便宜又要无赖的面孔。结果，口碑陡然变得更坏。而另外两位护士，第二年顺顺当当全评上了。那位去年没评上并获得广泛同情的护士吃了多少亏呢？一年的差别，工资不过差了300元左右，而那位护士长由于争夺名利以及恶语伤人所丧失的人格和名誉岂止是300元钱所能买得回来的？

适时地控制自己的骄纵脾气，会给人沉稳、可靠的印象，而脾气大的人则会令人感觉神经质，不成熟。一旦给人留下好冲动、不成熟的印象，不仅影响同事与你的关系，还会阻碍上司对你的提拔、重用。控制好自己的行为，也是为了照顾别人的情绪，只顾自己开心而忽略别人感受的人，是很难受到大家欢迎的。

人脉箴言

在职场上与同事打交道，有些细节还是要注意的。例如，在与人交谈时，不管谈兴多浓，说得有多投机，都不要炫富或是哭穷，富了招人妒忌，穷了招人嫌弃。还有，不管你有多优秀，你的潜能有多大，都不要流露出对他人的不屑。如果让人感觉到你的不逊，那么，即使你有非常强的业务素质，人家也不会看重你。

第九章

家庭也许不是你的背景，但肯定是你的人脉

在所有的人际关系中，最稳固、最牢靠的还是亲人的关系，在所有关系都靠不住的时候，至少还有你的亲人、你的家族能无私地帮助你。毕竟是「血浓于水」的亲情关系，不是任何外力轻易就能够分开的。

没有什么人脉比亲情更稳固

在所有的人际关系中，最稳固、最牢靠的还是亲人的关系，在所有关系都靠不住的时候，至少还有你的亲人、你的家族能无私地帮助你。毕竟是"血浓于水"的亲情关系，不是任何外力轻易就能够分开的。

亲情是这个世界上最奇妙的感情，这种感情并不需要多少语言，却是最真挚的。在中国人的传统观念中，家庭往往是最重要的，什么事情也分割不了家庭的凝聚力，家庭是社会中最和谐的单位，家庭成员之间有什么困难了，内部其他成员都愿意无私地给予帮助。当我们在其他关系都走不通的时候，我们要想到还有家庭，家庭是我们在这个社会中最后一层保障性的人际关系。不要被那些所谓的家庭不和睦的事情所蒙骗了，那些只不过是被无限放大了的个别案例，绝大多数家庭还是和谐的。

在徐志摩还只有7岁的时候就已聪明过人，并且对语言及文学产生了浓厚的兴趣。但直到15岁时，他在这方面的学习长进也不大，这主要是因为他缺少一位精通此道的老师来指点。因此徐志摩迫切希望有这样一位老师来教教他。当他听说有一位叫梁启超的人在这方面很有造诣时，他很想投入其门下去学习文学方面的知识，但却苦于没有认识的人从中引荐。无巧不成书，刚好徐志摩的一个表舅与梁启超是昔日的同窗好友，所以，他就想让这位表舅替他引见梁启超。

但在见到这位表舅之后，徐志摩却碰到了麻烦。因为其表舅很希望徐志摩去学习医术，他不希望自己的外甥去学这些"无聊"的东西。他认为这些风月诗词之类，只能是闲时消遣之物罢了，派不上大用场。徐志摩在与表舅的交谈中，他充分表达了自己对学习语言的迫切愿望和对文学的追求。他那坚定而又略带哀婉的语气，以及对长辈的谦恭之情，深深打动了他表舅的心，使表舅觉得此外甥乃是这方面的可造之材，最终答应了徐志摩的请求，并亲自带徐志摩去梁启超的家里，让其拜在梁启超的门下，梁启超也很乐意地收下了徐志摩这名学生。从此，在梁启超老师的辅导下，再加上徐志摩自身的努力，他在诗词上的造诣突飞猛进，终成一代著名诗人。

亲情关系除了血缘关系外，还有一种就是婚姻关系。古往今来，希望通过联姻的方式改善双方关系的大有人在，上至皇帝，下至普通百姓，无一不用，而且屡试不爽。有"台湾经营之神"美称的台湾首富王永庆，就曾经得益于姻亲关系。

有人曾这样说，要了解为什么王永庆在商场一帆风顺，就要了解台湾三大家族的背景。这里所说的台湾三大家族，就是王永庆、辜振甫、蔡万春。台湾的三大家族被人们称为"裤头连三家"。核心人物就是警备司令陈守山上将。陈守山的女儿嫁给蔡万春的妹妹蔡玉兰的儿子曹昌棋，而蔡万春的妹夫曹永裕也是台湾的富商。陈守山另一个女儿又嫁给王永庆的弟弟王永在的儿子，而陈守山的堂兄陈守实又是台湾信托总经理辜濂松的妹夫，辜振甫亦是台湾信托等台湾大企业的经营者。

港台报刊曾这样评价：在台湾，警备司令的权力十分大，是直接影响民生最大权力的人。台湾三大家族与警备司有了亲戚关系，办事自然方便得多。

不仅仅是自己的至亲，家族亲戚都是可以倚仗的牢靠关系，亲戚关系用得好，不仅能够让你办成想办之事，还能使得你们之间的亲戚关系更加融洽。这里所说的家族关系是个大的关系网，凡是能沾亲带故的都可以算上，什么七大姑八大姨之类的，只要能派上用场，平时多走动走动，也费不了你什么事。无论是因为你，家族才得以更加煊赫；还是因为家族，你的身份得到提升，都是双赢的局面。对你、对家族的人来说，谁都是愿意看到的。

人脉箴言

亲人能够在感情上理解你，徐志摩起初遭到舅舅反对，但后来舅舅还是觉得应该尊重他的想法，可见亲情的伟大与无私。当我们在外面饱受风雨时，不要忘了你的身后还有一个温暖的家，还有很多关心你的亲人，亲人是你关系网中最重要的部分，亲人也需要你去"呵护"。

互示真诚方为挚友

真正的朋友，就好比你的另一半生命，自己对自己当然应该真诚，所以对真正的朋友也应该真诚。

《礼记》中说："诚者自成也。"为人诚信的人自然能够成功，诚信是古往今来社会推崇的高尚美德，在这个普遍缺乏诚信的年代，如果你诚信，你就能得到别人的尊重，你就能拥有丰富的人脉。成功的定义有很多，一个善于经营关系的人也算是成功，尤其是朋友之间的关系。朋友是我们一生中人际关系的核心部分，对待朋友应该以诚相待，只要你对朋友真诚，朋友自然对你也真诚。

春秋时期，管仲和鲍叔牙都是很有才华的政治家，也是很有修养的人。青年时，他俩就是好朋友，无论干什么，总是形影不离。后来，鲍叔牙邀管仲一同去做买卖，管仲有些为难，说："自从父亲死后，母亲和我吃上顿没下顿，哪儿有钱做买卖？"鲍叔牙说："我还有点儿钱，足够咱俩用的。钱由我出，你出主意就行了。"经过一段时间的准备，他俩真的做起了生意。每次赚了钱，鲍叔牙总是多的一半给管仲，少的一半给自己。管仲有些过意不去，鲍叔牙诚恳地说："我们是朋友，你家有困难，我们互相帮助。"后来，他们又一起去当兵。每次打仗，鲍叔牙总是紧跟着管仲，只要一遇到危险，鲍叔牙都毫不犹豫地用自己的身体去掩护他。后来他们果然在齐国做出了成绩。由于鲍叔牙在齐国做官的时间比管仲长，但管仲的官职超过了鲍叔牙以后，一些大臣议论纷纷，为鲍叔牙打抱不平。鲍叔牙知道自己再继续做官，会对管仲不利，于是毅然向齐桓公辞官还乡。他说："为了使管仲更好地施展才能，我辞官还乡。"齐桓公挽留说："你是一位高尚的人啊！管仲是你推荐给我的，现在为了他，你又要辞官还乡。我需要管仲，也需要你，请你留下吧。"管仲也劝鲍叔牙："你不要走，别人议论什么，我不在乎。"第二天，鲍叔牙还是悄悄地离去了。人们都敬佩他的为人。管仲说："生我的是父母，而了解我的是鲍叔牙！"他俩的无私友谊，表现了他们的君子之风。

管仲和鲍叔牙的相交，历史上称为"管鲍之交""管鲍遗风"。这里面揭示了交友的许多真谛，但最主要的一点就是互相理解：做生意赚了钱，多给家贫的管仲一些，这是理解；当兵打仗时，在最危险的时候，鲍叔牙用身体掩护管仲，这是舍己救人；因为管仲而辞官还乡，这更是出于理解，是更高层次的境界。他们的友谊之所以稳固长久，就是理解使然。

我们常常能见到那些分隔两地的朋友，他们虽然彼此很少见面，但是朋友之间的心却是连在一起的。无论是相隔多远，总免不了逢年过节的问候，朋友有什么困难了，总是义无反顾地帮忙。如果能够见面，绝对是一个深情的拥抱，有聊不完的心事，说不完的故事。这样的朋友才是真诚的朋友。有些人虽然成天和你在一起，在别人面前称兄道弟的，但是心却没有在一起，临到你有事了，却完全不顾朋友情谊离你而去。所以说，朋友不在于交往的频繁程度，也不在于口头上的花言巧语，关键是心诚不诚，心诚则灵。

人脉箴言

朋友也有三六九等之分，有真诚以待、无话不说的密友，有经常交往的熟友，有偶尔往来的普通朋友。我们没有那个精力去一视同仁地对待所有朋友，所以虽然都是朋友也应该区别对待。那些同你真诚交往的核心朋友值得你报以百分之百的真诚，其他的朋友只需要正常客套地交往就足够了。

好朋友不一定要形影不离

西方心理学上有个"刺猬定律"，说两个人之间要像刺猬一样既不能靠太近，也不能离太远。太近了容易被彼此的刺扎伤，太远了又不易聚在一起取暖。

孟子说过："人有不为也，而后可以有为。"为人处世，要懂得有些事能做，有些事不能做，只有舍弃某些事不干，才能做成另外一些事。交朋友也是如此，朋友之间也要有所为，有所不为，不要拘泥于朋友之间的感情关系，该做的就要毫不犹豫地做，不该做的心里再怎么想也不能做。《庄子》中说："君子之交淡如水"，真正的朋友不会在乎你与他公私分明，不会在乎你有所为有所不为。即使再好的朋友，也要保持一定的距离，以免伤了双方的感情。

杰克是一家大汽车公司的雇员，由于工作勤奋努力，成绩斐然，在短短的几年间，步步高升，事业可以说是一帆风顺。而有几位跟他一同入职的同事，限于能力和机会，却至今仍保持着多年前的原状。因此在大家相处之时，杰克总觉得不太自然，甚至还有些战战兢兢。起初他为了避免同事们指责他过于高傲，惹个"一朝得志便不可一世"的批评，频频地请这几位老同事吃饭，而且说话也比过去更加小心、客气了，饭菜档次更是极显尊重。不料同事不仅没领他的情，反倒认为他简直得意忘形，太"招摇"了；甚至越发不平衡起来，认为杰克原本就是个"草包"，原来就是凭着这些"卑劣"手段爬上去的。杰克最终落了个"赔了夫人又折兵"，气得几乎吐血。痛定思痛之后，他决定卸掉包袱，轻装上阵，仅以平常心淡然面对平常事，一切竟然又应付自如了。

公事上，杰克"谨记大公无私"的原则，若是自己的直接下属，就采取冷静的态度，奖罚分明，说一不二，决不再有"大家都共事这么多年了，算了吧"的想法。只要态度诚恳，就不怕对方误解生气。私底下，仍然与他们保持一定距离，投缘的就当作朋友一般看待，不能合拍的，也不再刻意去改善了。若不属于自己的直接下属，公事上很少相交。这样就简单好办多了，平日见面，大可"友善"一番，"友善"之后也绝不会再额外"加温"，同事之间恐怕也平淡如水了。

朋友之间，说人长短，制造是非理当不为。比较小气和好奇心重的人，聚在一起就难免说东家长，西家短。虽说偶尔加入他们一伙，胡乱批评或调笑一些单位以外的人的逸闻趣事，倒也无伤大雅，但是对别人的弱点或私事，保持缄默才是最明智的做法。公私分明是重要的，不搞小圈子也同样是多少"过来人"的经验。众多同事中，难免会有一两个特别投缘，私下里成了好友无可厚非，但是无论自己的职位比这位同事兼好友高还是低，都不能因为两人关系好，就做出偏袒或恃势的模样。一个公私不分的人，永远做不了大事，何况任何领导都讨厌这类人，认为其不值得信赖。

传说当湘军攻破金陵之后，曾国藩曾上奏折说洪秀全的儿子洪福填积薪自焚而死，太平军余军已被斩杀净尽。但是，左宗棠得到的情报是洪幼主已率余部逃到湖州，于是他又向皇帝上了《攻剿湖郡安吉踞逆迭次苦战情形折》，报告有十余万"贼"借"伪幼主"之名在湖州活动。皇帝接到奏折后，大为不悦，认为曾国藩谎报了军情，于是下谕追查。曾国藩具折申辩，并将奏折抄录一份，送给左宗棠看。这样做，照常人看来似乎是断交之举，而背后却有着很大的学问。

表面上，左宗棠的奏折是参了曾国藩一本，给了曾国藩一个欺主冒功的罪名，但实际上，左宗棠的奏折处处事实含混不清，使皇帝只能继续追查，而不能根据奏折定曾国藩的罪。曾国藩本是一名文臣，他在复奏中一定能给清廷造成一种湘军内部失和的假相，而又能为自己洗清罪名，表示出并无严重后患的意思。

果然，清廷在接到奏折后，认为湘军是起了内讧，可以利用这个机会使湘军分化瓦解，殊不知，这正中了曾、左两人之下怀。

曾国藩与左宗棠中断了交往，但真的也中断了友情吗？没有。我们可以在曾国藩逝世后，左宗棠为之所书的挽联中找到佐证。挽联云："知人之明，谋国之忠，自愧不如元辅；同心若金，攻错若石，相期不负平生。"看来，左宗棠对曾国藩这个朋友的评价还不低呢。

真正的朋友是能够交心的那种，彼此之间不需要太多的言语，不需要很做作的行为，就能够做出很默契的事情。朋友之间不能够为了一些"莫须有"的事情相互猜疑、有所顾忌，以至于在平时交往中放不开手脚，这样的状态是最伤害朋友感情的。

人脉箴言

朋友之间最重要的是心和，不一定要在每件事的态度上都保持一致，也不一定要拘泥于朋友之间的形式，不要碍于朋友面子做一些有悖自己心意的事，这样不仅不能得到朋友的理解，反而会弄巧成拙。

尊老爱幼任何时候都不会有错

谁说求人办事一定要从其人本身入手？这个时代大家都喜欢深沉、含蓄，尤其是来头越大的人藏得越深，很多时候直接从正面求人办事效果不一定好，而从侧面下手却能收到奇效，这里所指的侧面就是"老人与孩子"。

中国是一个有着几千年文化传承的泱泱大国，在这几千年的文化思想中，有一个观念始终没有改变，那就是家庭观念。中国人讲求尊老爱幼，孝道又是中国人最尊崇的道德观念，所以无论是哪个人，对老人和孩子都是爱护有加的。孔子在《论语》中说："唯女子与小人为难养也"，他只知道什么人难养，可是他并没有发现，其实老人与孩子"好养"，凡是有关老人和孩子的事情都好说，老人和孩子的要求都容易得到满足。

第二次世界大战时，利维在美国经营一家影片进出口公司，手下一名叫弗兰克的闭路电话专家脾气暴躁，动辄就和别人争吵，连利维也不例外。一天，为了一个实验问题，弗兰克同研制组的另一位助手争执不下，他大动肝火，又拍桌子又摔东西，利维过去劝阻也被大骂了一顿。正在他们闹得不可开交时，弗兰克的小女儿走进了实验室，小女儿看见爸爸那副怒发冲冠的样子，吓得哭了起来。

弗兰克见状再也顾不上同别人吵架了，赶快跑过去，赔着笑脸逗她开心。看到这一情景，利维眼前一亮，弗兰克虽然看谁都不顺眼，但对留在他身边的小女儿却是百依百顺，视为掌上明珠。不难看出这小女儿是他的主要精神寄托。为了使弗兰克有充实的精神生活，利维立刻在公司附近为他租了一幢非常漂亮的房子，好让他经常和女儿生活在一起。

本来，利维手头的资金十分紧张，在这种情况下，还为弗兰克租房，弗兰克心里很是过意不去。因此，尽管利维再三动员他搬进新居，但他坚持不搬。利维说："搬不搬家，恐怕由不得你了。"

"什么？"弗兰克提高了嗓门，"我自己不愿搬，你还敢强迫我不成？"

"我当然不敢逼你，不过，你的千金安妮已替你做主了。"利维继续说，"她说你心境不好，容易发脾气，这会伤身体的。如果她能住在附近照顾你，你就不会发脾气了。起初，我也拿不定主意，可是小安妮最后还说：'我爸爸多可怜呀，我不能让他再忍受孤独了。'"

听完了这番话，弗兰克的眼里充满了泪水，他最终顺从了利维的安排，搬进了新居。利维为弗兰克租房，虽然破费了不少金钱，可搬家这件事所产生的影响远远不是这点儿金钱所能比拟的。利维在资金状况窘困的时候，仍然把弗兰克的快乐看得比金钱更重要，这就不能不使弗兰克感恩戴德，甘为利维效力。

你在求人办事的时候，有些被求者看似铁面无私、漠不关心，其实是你没有把准脉，不知道他究竟关心什么。一般来说，凡是有些年纪的人，皆逃不出老人与孩子这两条命脉，只要你满足了他对老人与孩子的愿望，其他一切事情都好说了。

香港首富李嘉诚早年推销过白铁桶。当时，有一家刚落成的旅馆正准备开张，这是推销铁桶的大好时机，李嘉诚的几个同事领功心切，抢先找到旅馆老板，不料皆碰了一鼻子灰，无功而退。原来老板有意与另一家五金厂交易。

知难而退的同事公推李嘉诚出马。李嘉诚也觉得，放跑这条大鱼，实在太可惜，也显得自己太无能。

他并不急于去见老板，而是先与旅馆的一个职员交上朋友然后假装漫不经心地从那个职员口中套知老板的有关情况，以选择突破口。那个职员谈到老板有一个儿子，整天缠着要去看赛马。老板很疼爱他，但旅馆开张在即，千头万绪，他根本抽不出时间陪儿子。

职员是当作趣闻说起这件事的。可言者无意，听者有心。李嘉诚感觉他已经找到了打开老板闭门拒客心理的钥匙。

李嘉诚让这个职员搭桥，自掏腰包带老板的儿子到跑马地快活谷马场看赛马，令老板的儿子喜出望外，兴高采烈。李嘉诚的举动使老板十分感动，不知如何答谢才好，于是，同意从李嘉诚手中买下380只铁桶。

由于中国人这种浓浓的亲情，很多时候人们把老人和子女的利益看得比自己的利益还要重，所以你尊敬了他家的老人，爱护了他家的孩子，比尊敬爱护他本人效果还要好上几倍。这些年来，有几个关于老年人保健品的广告一直在各大电视台热播，其销量也是相当可观。如果仅仅看其广告内容，简直是平淡无奇，甚至还显得有些"弱智"，但是就是这样"弱智"的广告却抓住了消费者的心。究其原因，无非是广告参透了中国人普遍的心理——敬老。一时间，大江南北给老人送保健品的风气弥漫开来。

人脉箴言

求人办事时不要太莽撞，要先分析清楚你所求之人的基本情况，有没有什么愿望还没有实现。做好了充足的准备再去求人，这样当你把自己的"礼品"一一展开时，对方就会发现样样都是他当下所需要的。

志同道合才能一起向前走

我们要承认，这个世界上不是每个人都喜欢听你讲话，不是每个人都赞同你的观点。想要自己的观点被赞同，想要自己的诉求被满足，关键在于你要找对人，找到那些乐意听你意见的人。

人人都知道，"对牛弹琴"是一件很痛苦的事情，这牛不但不能领悟你的意思，你弹得久了还会引起它的烦躁情绪，到时候对你"嗷嗷"地叫，甚至用牛蹄来赶走你。与人交谈也是如此，你不能保证和你聊天的人对你的话题感兴趣，不能保证你所说的内容别人有足够的耐心听下去。甚至说有些人不但不愿意听你的观点，还会极力反驳你的观点，各自有各自不同的利益角度，你同与你站在不同利益角度的人谈观点，这不就等于是"对牛弹琴"吗？

第二次世界大战期间，由于伍道夫善于做美国国防部的

"思想工作"，从而使因战争而陷入困境的可口可乐起死回生。

战争与饮料，似乎风马牛不相及。但善于经营的伍道夫却从一位正在菲律宾服役的同学那里得到启发。他的那位同学告诉他，在南洋那么热的地方，如果能喝到可口可乐，那真是舒服极了。伍道夫一听，心想，如果前方都能喝到可口可乐，那不是可口可乐很好的出路吗？而且当地老百姓知道了可口可乐，不是间接做了广告吗？兴奋的伍道夫立即找到美国国防部，将自己的想法和盘托出。不料五角大楼的官员根本就不把这种想法当回事，甚至怀疑伍道夫是"痴人说梦"。

伍道夫并没有因此退却，他想尽办法，让国防部知道可口可乐对前方将士的重要。于是，他组织了三人小组，写出了一份关于可口可乐对前方将士的重要性，及其密切关系的宣传资料，经他修改后，做成了一份图文并茂的精美小册子：《最艰苦战斗任务之完成与休息的重要性》。内容特别强调：战士在战场上，在可能的情况下，必须有生活的调剂。如果一个完成任务的战士，在精疲力竭、口干舌燥之际，能喝上一瓶可口可乐，该多么惬意。

知难而上的伍道夫，为把可口可乐推销到前方，还特别召开了一次扩大的记者招待会，特邀了国会议员、战士家属和国防部官员。会上，他不断强调：可口可乐是军需品，可口可乐是为了对海外浴血奋斗的兄弟表达诚挚的关怀，为赢得最后的胜利贡献一份力量。

他的话，赢得了战士家属的支持。一位老妇人紧紧地拥抱着伍道夫说："你的构想太伟大了，你的爱心能够得到上帝的支持。"在舆论的支持下，在战士家属和国会议员的促请下，国防部的官员终于同意了伍道夫的想法。

不仅如此，五角大楼干脆好人做到底，宣布不仅把可口可乐列为前方将士的必需品，而且还支持伍道夫在前方设厂生产可口可乐，以便供应战士的需要。但是，战时受炮火影响很大，设厂投资冒险性太大，所以这种庞大的投资，也就自然由国防部负责。

当供应前方可口可乐的消息传出后，战士们反应强烈。虽然这样使国防部无形中增加了一大笔支出，但考虑到前线将士的渴望和士气，国防部索性宣布：不论在世界任何一个角落，凡是有美国军队驻扎的地方，务必使每一个战士都能以5美分的价格喝到一瓶可口可乐。这一供应计划所需要的一切费用和设备，国防部将全力给予支持。

自此以后，可口可乐的销路迅速发展到远征军中，海外市场也随之迅猛发展，特别是东南亚炎热地带，可口可乐更是成了人人羡慕的饮料。二战结束后，可口可乐随着美军登陆日本，立即掀起可口可乐热，使整个日本饮料界大为震惊。

想要自己的利益诉求得到满足，就应该找那些对你的诉求有兴趣的人，甚至是利益相关者，只有这些人才肯为你的利益诉求奔走效力，才肯为你们共同的利益出谋划策。有时候你想要办成一件什么事，直接找相关的负责人若不理你，这个时候就要绕道而行，找一些志同道合的盟友，让这些盟友带你出面奔走，说不定你直接办不到的事情，通过你的盟友就轻而易举地办成了。

人脉箴言

社会上的人际关系是相互联系的，你要相信今天你没有办成的事情不是因为这件事本身就办不成，而是你还没有找到同道中人来协助你。这些同道人就是你关系的"助推器"，有了他们的帮助，就避免了只有你在那里单独吆喝的尴尬局面。

不痴不聋，不做家翁

俗话说："不痴不聋，不做家翁。"小两口自己在家里吵架，当公公婆婆的最好不要跟着掺和，让他们自己解决。你掺和进去了说不定没有调节好，反而越说越乱。

清官难断家务事，再明白事理的清官也不敢轻易地说能断清一件家务事。家务事是别人的隐私，其中涉及很复杂的关系和情感，不是一两句话就能说清的。所以说，明白人是不会去掺和别人的家事的。即使是做公婆岳父岳母的，也不要随便干预小两口的私事，毕竟双方都是成年人了，有能力自己解决问题，有些事情不方便做长辈的知道，也不方便让长辈去解决。

唐代宗李豫在这方面做得就很好。郭子仪是唐肃宗时的老臣，有平定安史之乱、抵抗吐蕃入侵的盖世大功，成为复兴唐室的功臣。因此，唐代宗十分敬重他，并且将自己的女儿嫁给郭子仪的儿子郭暧为妻。这小两口都自恃有老子做后台，互相不服气，因此免不了发生口角。有一天，小两口因为一点小事拌起嘴来，郭暧看见妻子摆出一副公主的架子，根本没把他这个丈夫放在眼里，便愤愤不平地说："你有什么了不起的，就仗着你老子是皇上！实话告诉你，你老子的江山还是我父亲打败了安禄山才保全的，我父亲因为瞧不上皇帝的宝座，所以才没有当这个皇帝。"在封建时代，皇帝至高无上，任何人想当皇帝，都是大逆不道，有可能遭满门抄斩的大祸。公主听到郭暧竟敢口出狂言，感到一下子找到了出气的机会和把柄，马上回到宫中，向代宗汇报了丈夫刚才这番近似图谋造反的话。她满以为皇父肯定会重惩郭暧，替自己出气。

谁知，唐代宗听完女儿的汇报，却不动声色地说："你还是个孩子，有许多事还不懂得。我告诉你：你丈夫说的都是实情。天下是你公公郭子仪保全下来的，如果你公公想当皇帝，早就当上了，天下也早就不是咱们李家所有了。"并且对女儿劝慰一番，叫她不要抓住丈夫的一句话，乱扣"谋反"的大帽子，小两口要和和气气地过日子。在代宗的劝解下，公主消了气，乖乖地回到了郭家。

　　郭子仪知道这件事后，几乎吓坏了，他觉得小两口吵嘴不要紧，可儿子口出狂言，近似谋反，这着实令他恼火万分。郭子仪即刻令人把郭暧捆绑起来，并迅速到宫中面见皇上，要求皇上严厉惩治。可是，代宗却和颜悦色，一点也没有怪罪的意思，还劝慰说："小两口吵嘴，话说得过分点，咱们当老人的不要太认真了。不是有句俗话：'不痴不聋，不为家翁。'儿女们在闺房里讲的话，怎好当起真来？咱们做老人的听了，就把自己当成聋子和傻子，装作没听见就行了。"听到皇帝亲家这番合情合理的话，郭子仪的心里就像一块石头落了地，顿时感到轻松，一场有可能是天塌地陷的大祸化作芥蒂小事，郭子仪一家的感激自然不必说了。

　　由小见大，不仅是公婆不宜掺和小两口的私事，我们也不宜掺和别人家的私事。哪怕你是一个明白事理的人，哪怕你明明知道有一方是对的，有一方是错的，也最好是装聋作哑，不要参与其中。姑且不说你从中调解能不能收到效果，就算是能够收到效果，别人也不愿意你参与他们家的私事。即使是对方主动把家里的私事告诉你，咨询你的意见，你也要思之再三，不要轻易做出行动。

人脉箴言

　　事不可尽知，人不应尽晓。虽然你为人父母，但是毕竟儿女已经成家立业，有了自己新的小家庭，所以有些事情已经不是你应该管的事。如果儿女想让你知道他们的事情，自然会告诉你；如果不想让你知道，你就不要没事找事主动去问，这会让儿女很为难。

有一种感觉叫一见如故

　　有些时候，一面之交未必不如知己故交，一面之交也能起到作用，而且能起到至关重要的作用。这就是所谓的"一面之缘，胜过千面之交"。

为了工作，我们平时难免同陌生人打交道，打交道是为了办成你想办的事。不过既然是陌生人，肯定不会轻易答应我们的要求。我们要千方百计地使他们答应我们的要求，就要与对方找到情感上的共鸣，拉近彼此的时空距离，让对方觉得好像你是一个久违的老朋友，而不是一个初识的陌生人。俗话说：酒逢知己千杯少，我们要做的就是营造这种"酒逢知己千杯少"的氛围。彼此谈得来的人，就像坐在一起喝酒的老朋友，话总是收不住，越喝话就越多，酒喝多了，要办的事自然满口答应。

陌生人之间交流最忌讳的就是双方一直在说客套话，本来就是素不相识的两个人，再说些无关紧要的话，保准话说不了三分钟双方就陷入了无话可说的尴尬局面。因此，这样的谈话最好是找到双方的共通点，或是找到对方感兴趣的话题，这样才能让谈话继续下去。

有一次，著名相声演员姜昆到湖北省十堰市演出，几家新闻单位的记者纷纷前来采访，不料，姜昆一一婉言谢绝，这使记者们十分失望。但是，有一个爱好相声的女记者却再次叩响了姜昆的房门，说："姜昆先生，我是一个相声迷，我对您的演出有些意见……"姜昆一听是为自己的节目提意见来的，便十分热情地接待了她。这位女记者正是用她和姜昆对相声共有的兴趣做文章，巧妙地打开了姜昆的"话匣子"，顺利完成了采访任务。

地域相似、职业相似、年龄相似、处境相似等直接相似因素，以及对方与自己的亲戚、朋友、同学、邻居等有联系的间接相似因素，这些都可以成为沟通情感，找到共同话题的桥梁。

一位推销员奉命到印度去谈公司经过数次谈判都没有谈成的军火生意。他事先给印度军界的一位将军通电话，但只字不提合同的事，只是说："我准备到加尔各答去，这次是专程到加尔各答拜访阁下，只见一分钟的面，就满足了。"

那位将军勉强地答应了。

来到将军的办公室，将军先声明："我很忙，请勿多占时间！"冷漠的态度让人觉得谈生意几乎无望。然而，推销员说出的话，却更让人感到意外。"将军阁下！您好。"他说，"我衷心向您表示谢意，感谢您对敝公司采取如此强硬的态度。"

"……"将军莫名其妙竟一时语塞。

"因为您使我得到了一个十分幸运的机会，在我过生日的这一天，又回到了自己的出生地。"

"先生，您出生在印度吗？"冷漠的将军露出了一丝微笑。

"是的！"推销员打开了话匣子，"1929 年的今天，我出生在贵国名城加尔各答。当时，我父亲是法国密歇尔公司驻印度的代表。印度人民是好客的，我们一家的生活得到了很好的照顾。"

接着，推销员又娓娓动听地谈了他对童年生活的美好回忆："在我 3 岁生日的时候，邻居的一位印度老大妈送给我一件可爱的小玩具，我和印度小朋友一起坐在象背上，度过了我一生中最幸福的一天……"

将军被深深地感动了，当即提出邀请说："您能在印度过生日太好了，今天我想请您共进午餐，表示对您生日的祝贺。"

汽车驶往饭店途中，推销员打开公文包，取出颜色已经泛黄的合影照片，双手捧着，恭恭敬敬地展放在将军面前。

"将军阁下！您看这个人是谁？"

"这不是圣雄甘地吗？"

"是呀！您再仔细瞧瞧左边那个小孩，那就是我。4 岁时，我和父母回国途中，曾经十分荣幸地和圣雄甘地同乘一条船。这张照片就是那次在船上拍的。我父亲一直把它当作最宝贵的礼物珍藏着。这次，我要拜谒圣雄甘地的陵墓。"

"我非常感谢您对圣雄甘地和印度人民的友好感情。"

将军紧紧握住了推销员的手。当推销员告别将军回到住处时，这宗大买卖已拍板成交。

求陌生人办事不是一件容易的事，或许在你之前已经有很多人去求过都无功而返，你要想有所突破，就要做到"人无我有，人有我精"。即别人没有想到的方面，我要想到，别人想到没有做好的事情，我要做好。可能有的人找到了与陌生人之间的情感共鸣，可是不注意说话的技巧，事情还是没有办成，这个时候我们就要总结前人的经验教训，做到精准地传达双方的情感信息。

人脉箴言

在让对方产生情感共鸣之后，我们不可急于把自己的意图挑明，要先对别人表示佩服、推崇，让对方就像中了你的"糖衣炮弹"一样，让你摆布。先多谈一些你们情感上的共通点，哪怕你并不太了解这个共通点，也要极力抓住其中一点大做文章，以免露出马脚。

第十章
有一种奇妙的人脉叫爱情

男女之情，说不清道不明，只有行动才是上策。很多时候，一段美好的感情却因为双方都不好意思开口，最终形同陌路，不是很可惜吗？

一句 "我爱你" 并没有那么难说出口

男女之情，说不清道不明，只有行动才是上策。很多时候，一段美好的感情却因为双方都不好意思开口，最终形同陌路，不是很可惜吗？

《诗经·周南·关雎》篇中那句流传千古的话："窈窕淑女，君子好逑"，几乎成了现代男女大胆追求爱情的宣誓词。虽然大家都这样说，但是真正能够付出行动的人实在是不多。中国人对于男女之间的感情实在太含蓄了，以至于古往今来不知道错过了多少美好的姻缘。男女之间交往，最重要的就是交心，要将彼此心里的想法找个合适的时机开诚布公地向对方诉说。即使不能做到双方都交心，至少有一方要吐露心声，不管是哪一方，这样才有助于关系的发展。

《围城》中的孙柔嘉并不是唯一追求方鸿渐的小姐，更没有让方鸿渐动心，但却是唯一成功的小姐。

与苏文纨"面如桃杏，冷若冰霜"相比较，孙小姐可是"满眼睛都是话"，她也不像天真无瑕的唐小姐和爱卖弄"局部真理"的鲍小姐，孙小姐的功夫做在造舆论上，她知道如何先造成观念上的既成事实。

书中有这么一节：赵辛楣因为汪太太一事离开三闾大学，委托方鸿渐照顾孙小姐，暑假回家，带了她回去交给她父亲。方鸿渐于是去传信，半路上正好碰上来找的孙小姐。孙小姐便着意利用了这个机会。《围城》中这一段写得颇为有趣：

孙小姐走了一段路，柔弱地说："赵叔叔走了！只剩我们两个人了。"

鸿渐口吃道："他临走对我说，假如我回家，而你也要回家，咱们可以同走。不过我是饭桶，你知道的，照顾不了你。"

孙小姐低头低声说："谢谢方先生。我只怕带累了先生。"

鸿渐客气道："哪里的话!"

"人家更要说闲话了,"孙小姐依然低了头低了声音。

鸿渐不安,假装坦然道："随他们去说,只要你不在乎,我是不怕的。"

"不知道什么浑蛋——我疑心就是陆子潇——写匿名信给爸爸,造你跟我的谣言,爸爸写信来问。"

鸿渐听了,像天塌下半边,同时听背后有人叫:"方先生,方先生!"转身看是李梅亭、陆子潇赶来。孙小姐嘤然像医院救护汽车的汽笛声缩小了几千倍,伸手拉鸿渐的右臂,仿佛求保护。鸿渐知道李陆两人的眼光全射在自己的右臂上,想:"完了,完了。反正谣言造到孙家都知道了,随它去吧。"

陆子潇目不转睛地看孙小姐,呼吸短促,李梅亭阴险地笑,说:"你们谈话真密切,我叫了声,你全没有听见。我要问你,辛楣什么时候走的……孙小姐,对不住,打断你们的情话。"

鸿渐不顾一切道:"你知道是情话,就不应该打断。"

李梅亭道:"哈,你们真是得风之先,白天走路还要勾了手,给学生好榜样。"

鸿渐道:"训导长寻花问柳的榜样,我们学不来。"

李梅亭脸色白了一白,看风便转道:"你最喜欢说笑话。别扯淡,讲正经话,你们什么时候请我们吃喜酒啦。"

鸿渐道:"到时候不会漏掉你。"

孙小姐迟疑地说:"那么咱们告诉李先生——"李梅亭大声叫,陆子潇尖声叫:"告诉什么?订婚了?是不是?"孙小姐把鸿渐勾得更紧,不回答。那两人直嚷:"恭喜,恭喜!孙小姐恭喜!是不是今天求婚的?请客!"强逼握手,还讲了许多打趣的话。

鸿渐如在云里，失掉自主，尽他们拉手拍肩，随口答应了请客，两人才肯走。孙小姐等他们去远了，道歉说："我看见他们两个人，心里就慌了，不知怎样才好。请方先生原谅刚才说的话，不当真的。"

鸿渐忽觉身心疲倦，没有精神对付，挽着她手说："我可句句当真。也许正是我所求的。"

另外还同时亮出两手高招：一是故意制造了匿名信事件，将原先子虚乌有的事描绘成满天风雨，这自然会在方鸿渐的良心上引起不安。第二，也是更重要的是孙小姐不失时机"伸手拉鸿渐的右臂"，在李梅亭等人面前"暴露"了亲密恋爱的"真情"。从而，让方鸿渐彻底死了心，干脆将假戏唱成了真曲。

既然喜欢对方，就要大胆地说出来，如果双方都不说出来，即使再好的感觉也会随着时间的流逝而消失殆尽，最终消磨了人们心中的那团火焰。哪怕我们开口之后遭到了别人的拒绝，也比憋在心里好受，至少你明确知道了对方的态度，好做抉择。

人脉箴言

大家想想自己，你是不是已经很久没有对妻子说过一句"我爱你"了，你是不是很久没有对自己的丈夫说上两句关切的话语了。如果没有，就赶快行动吧！虽然你们是夫妻，但是也同样需要协调关系，更需要相互关心，这才是一个完整的婚姻家庭。就在今晚，说出那句久违的"我爱你"，也许你的另一半会感动得流泪，感动得紧紧地抱住你。

讲真，喋喋不休真的会要人命

任何一个人都不希望听到正在交谈的人喋喋不休，哪怕是自己的丈夫或妻子。喋喋不休的人自以为能够博得对方的同情，殊不知得到的只是对方的反感。

"不抱怨"这个词，几乎成了近些年人际关系的主题了，有识之士都在倡导大家不要抱怨，人人都在学习怎么做到不抱怨。的确，不抱怨确实有助于我们的人际关系更加和谐，哪怕是夫妻之间的关系，也应该从不抱怨做起。建立在抱怨基础上的婚姻只会渐渐地走向坟墓，无论是丈夫还是妻子，喋喋不休地抱怨一定会破坏双方本来牢不可破的关系，哪怕是有一个孩子，也不能再维系这段千疮百孔的婚姻了。

　　多年前，拿破仑三世和依琴妮·蒂芭女伯爵双双坠入情网，并且很快结了婚。

　　当时，拿破仑三世的大臣们纷纷指责他。因为蒂芭仅是西班牙一个没落世家的女儿，可是拿破仑三世回答道："那有什么关系呢？"是的，她的秀雅、她的青春、她的魅力、她的美丽已经使拿破仑三世喜不自胜，觉得自己太幸福了。他兴奋地向全国宣布说："我已挑选了一位我所敬爱的女子，我不能要一个素不相识的女子。"

　　拿破仑三世和他的新婚夫人具有一般美满婚姻所必备的条件——健康、声望、财富、权力、美丽、爱情。神圣的结合之火从来没有像他们这样炽烈又辉煌。

　　可是，没多久，这股炽烈、辉煌的火焰却渐渐冷却下来，终于只剩一堆余烬。拿破仑三世可以使蒂芭小姐成为皇后，但是，他爱情的力量、国王的权威，却无法制止她的喋喋不休。

　　嫉妒、猜疑，使蒂芭小姐不听从他的命令。她甚至拒绝与他做夫妻间的韵事。她闯进他处理国事的办公室，她搅扰他和大臣的机要会议。她不容他单独一个人，总怕拿破仑三世跟别的女人相好。

　　她常常去找她姐姐，抱怨她的丈夫……诉苦、哭泣、唠叨不休。她常闯进丈夫的书房，暴跳如雷、恶言谩骂……拿破仑三世身为法国元首，拥有十余所富丽的宫殿，却找不到一间小屋容他静住。

依琴妮·蒂芭小姐的吵闹得到了什么？

这就是答案。

仓·哈特的名著《拿破仑与依琴妮——一个帝国的悲喜剧》提到："……拿破仑仍时常于夜间，由宫殿的一扇小门潜出。他用一顶软帽遮住眼部，由一个亲信侍从陪着，去与正期待着他的一位美丽女人幽会；或者在巴黎城内漫游，观赏一些国王平时不易见到的夜生活。"

诸如此类的情形，就是依琴妮小姐吵闹的成绩。她身为法国的皇后，她的美丽盖世无双。然而，皇后之尊、盖世之美，却不能使爱情在吵闹的气氛下继续存在。

依琴妮曾放声哭诉："我最害怕的事，终于降临到了我的头上。"

永不争吵的世界是一个美好的世界，虽然不争吵并不能保证彼此的关系更加亲密，但至少能保证关系不会出现裂痕。要知道争吵永远不可能解决问题，特别是在夫妻关系上，更是如此。争吵不但不能解决问题，还会将问题激化，可能本身并不是什么太大的问题，经过一阵争吵就被无限放大了，最后弄得不可收拾。

俄国大文豪托尔斯泰的夫人，亦曾发现此理，但已太迟了。她临死前向她的女儿忏悔道："你父亲的去世是我的过错。"她的女儿们放声痛哭。她们知道父亲的死就是因为母亲永无休止的批评和喋喋不休的吵闹。

照理说托尔斯泰和他的夫人该是十分幸福快乐才是——他是历史上最著名的小说家之一，他的两部名著《战争与和平》及《安娜·卡列尼娜》在文学的领域里永远闪耀着不朽的光辉。

当时托尔斯泰备受爱戴，崇拜他的人们日夜跟随在他的身边。他的每一句话都被人们快速记录下来。即使他说：

"我想我该去睡了。"像这样平淡无奇的一句话，也都作了记录。

但是后来，惊人的事情发生了。托尔斯泰渐渐改变了，他简直变成了另外一个人，他对自己以及所写的作品竟感觉羞愧。从那时起，他把余生都贡献在撰写宣传和平、消弭战争与解除贫困的文章上。他一度忏悔自己年轻的时候犯了许多不可想象的罪恶和过错，甚至凶杀。他打算真实地遵从耶稣基督的教诲。他把所有的土地都给了别人，自己过着贫苦的生活，并且试着尽力去爱他的仇敌。

托尔斯泰的一生是一幕悲剧，而造成悲剧的原因，就是他的婚姻。他的妻子喜爱奢华，他却鄙弃之；她渴望显赫、名望和社会上的赞美，但托尔斯泰都不屑一顾；她希望有金钱和财产，而他却认为私有的一切都是罪恶。

这样过了好几年，她吵闹、咒骂、哭喊……因为托尔斯泰坚持主张让他的著作任人翻印，而她却一定要从中抽利。他一反对她，她就会像疯了似的大哭大闹，躺在地板上打滚，手拿一瓶鸦片烟膏威胁着要自杀，还起誓说不活了，要跳井。

在他82岁的时候，托尔斯泰再也忍受不了家庭中的痛苦折磨，在1910年一个大雪纷飞的夜里，离开他的妻子……向着酷寒和黑暗，不知去向了。

11天后，托尔斯泰因肺炎昏倒在一个车站。他临死前要求，不允许他的妻子来看他。

这便是托尔斯泰夫人吵闹、抱怨和歇斯底里所换来的结果。

也许人们认为，某些时候她的吵闹并不能算过分。是的，就算那是应当的，但却不是要点。吵闹究竟对她有所帮助，还是把事情弄得更糟呢？

"我想我实在是疯了。"托尔斯泰夫人觉悟时，已经晚了。

没有抱怨的婚姻才是幸福的婚姻，一旦发生了摩擦就想着自己找错了结婚对象，那样的婚姻是不可能长久的。人非圣贤孰能无过，不要抱怨自己另一半的小过错，适当地忍耐能让生活中的摩擦完全消失。

人脉箴言

结婚时间长了，难免发生一些小摩擦，这都是很正常的。因为再有耐心的人，也会出现审美疲劳。一旦双方有了摩擦，一定要有一方站出来主动承认错误，"得饶人处且饶人"，双方都给对方一些空间，这样就能使关系得到升华。

爱情再美，你也要记得"你是谁"

和谐的夫妻关系是夫妻双方都能够多为对方考虑，人格平等的夫妻才是真正的夫妻。婚姻关系最忌讳的就是一方总是居高临下指挥另一方。

在现代社会中，人物的角色是复杂的，一个人会同时扮演很多个角色，就像英国的维多利亚女王一样，她既是万民敬仰的女王，又是亲爱的丈夫的妻子，还是自己父母的女儿，是一群儿女的妈妈。女王一旦离开了皇宫，回到家就是丈夫的妻子，如果这个角色转换不过来，还以女王的身份去对待丈夫，显然是不合适的。

一天，英国维多利亚女王和丈夫吵架了，丈夫独自先回到卧室，把门锁上不出来。女王回卧室时，只好敲门。

丈夫问："谁？"维多利亚傲然地回答："女王。"里面既不开门也没有任何声音。她只好再次敲门。丈夫又问："谁？"女王回答："维多利亚。"里面还是没有动静。女王再次敲门。丈夫再问："谁？"女王放下架子，柔声地回答："你的妻子。"这一次，门打开了。

为什么丈夫不给女王开门，不给维多利亚开门，而给自己的妻子开门？这其中就涉及一个身份的问题。维多利亚以女王那种居高临下的身份来面对自己的丈夫，丈夫自然难以接受，而当她放下了架子，回归到妻子的身份，实质是学会了尊重和让步。夫妻之间争吵是难免的。而一旦发生分歧，我们就应该学会让步，学会在平等的基础之上来处理彼此的关系。同时，这个故事也告诉我们，聪明的人总是会根据情境的变化，做出适时的调整。而不会总是以一种身份、一种腔调去面对所有的人。

我们每个人都有不同的身份，在公司是职员，在路上是行人，在商店是消费者，在家是爱人和家长，如果你以同一种角色的行为规范去面对所有的人，那将会出现十分糟糕的混乱现象。所以我们一定要注意场合，随着环境的变化而改变自己的角色，对自己的言行进行适当的调整。即使是女王，回到家中也得变回妻子的角色。

美联储前主席格林斯潘在外界看来是个很神秘的人物，他言语不多，让外人捉摸不透。这一点对他的工作来说很有帮助，但是他却错误地把这种关系运用到了感情上，差点让他失掉一段美好的婚姻。12 年来，格林斯潘一直与美国国家广播公司高级女记者安德拉·米切尔谈恋爱，双方心仪已久。然而他那含混不清、充满暗示的语言，竟连长于揣度的女记者也被弄得一头雾水，摸不着头脑，格林斯潘先后求了两次婚，对方都毫无反应。直到 1996 年的圣诞夜，当他第三次表白心意时，女记者才知道了格林斯潘的真意，接受了他手中迟到的红玫瑰。次年 4 月 6 日，71 岁的格林斯潘终于结束了"冤枉"的单身生活，再次当上了新郎。渐渐地，新娘竟喜欢上了格林斯潘的晦涩，她说："原以为对他了如指掌，可实际上我永远也猜不透他的心思，这种感觉妙不可言！"这不禁让人想起格林斯潘的那句名言："如果你以为对我个人已经研究得非常透彻了，那我可以告诉你：'你一定误解了我的话'。"

俗话说："每一个成功男人的背后都有一个优秀的女人支持他。"这句话一点也没错，其实一个男人也能支持一个女人走向成功，关键看双方怎么处理彼此的关系。如果双方都一味较劲、互不相让，那关系只会慢慢僵化；如果双方分清了角色，那关系就会越来越明确，双方也会越来越默契和谐。

人脉箴言

我们要善于询问自己"我是谁"，并在具体的环境和氛围中，确定自己的身份，使自己以正确的身份去面对正确的人。我们对待自己心爱的另一半应该坦诚，有什么事情都应该首先想到向对方诉说。如果我们总是在对方面前保持神秘，即使再恩爱的夫妻也会受不了的。

斤斤计较的爱情怎么长久

有人说，婚姻是这样一种奇怪的事物，它使得两个本来陌生的人凝聚在一起，彼此磨合着原本独具个性的棱角，可是又总会被彼此的棱角给刺伤。要使婚姻中的两个人一直牵手走下去，宽容是最好的办法。

也许你也见过这样的夫妻，看起来各方面都很适合，可是就因为一些生活上的小习惯而不断发生冲突，有时候甚至只是因为牙膏该从中间挤还是从尾端挤这样微不足道的小事，而摧毁一桩婚姻。如果夫妻俩都能多些生活的智慧，彼此忍耐、宽容，像雪松一样懂得适时地缓解压力，那么婚姻是可以更长久更幸福的。

有的人误以为宽容就是无限度地纵容，这是误解了宽容的概念。一朵紫罗兰会把香气留在践踏它的人的脚上，这种大度才是宽容，可是如果紫罗兰敞开胸怀欢迎别人来践踏，那就是愚蠢地纵容了。纵容是懦弱的表现，而宽恕则是勇气的表现。一个人如果学不会爱自己以及爱所有爱他的人，那他就不会有足够的力量去抵抗懦弱，反而有意无意地帮助对方伤害自己。

有一个女子向心理医生求诊，她明显是患了忧郁症，但是什么原因造成她的忧郁呢？

原来，她的丈夫很喜欢喝酒，一喝醉就会动手打她。因为酗酒的缘故，她的丈夫没有一个工作是能维持长久的，所以她不得不到外面工作赚钱来贴补家用。每天回到家里，她还要做所有的家务，包括3个孩子大大小小的事情都需要她来处理。这使她身心俱疲，然而丈夫不仅不能给她任何帮助，还常常殴打她，使她时时处于家庭暴力的恐惧之中，她还担心这样的生活会给孩子们造成不良影响。

医生问道："你的公婆对此有何意见？"

"他们都站在我丈夫那边。"女子无奈地说。公公婆婆偏袒自己的儿子，开始的时候她受到丈夫的殴打就会去请公婆做主，但公婆却反过来指责她没把事情处理好，才会激怒丈夫的。而妯娌姑嫂们，也都是自扫门前雪，谁也不帮她。到头来，她变成了一切问题的核心，明明是受害者，却必须负担"不要让丈夫生气"的责任。她不断受到伤害，却还要不断地受到别人的指责。而且，"所有人都要我宽容他们。大家都说只有宽容他们我才能够活得快乐。可是说真的，我真的很难做到去宽容那些伤害我的人。"女子几乎崩溃了。

医生问："那你曾经报复过他们吗？"

"我想去报复，但是又不敢。而且我也会觉得困惑，难道真的是因为我的错，才导致丈夫打我？是不是因为我不好，才遇到这样的问题？我很担心自己是不是疯了。"

"你仔细想一想，是关心你的人多，还是伤害你的人多？"医生慢慢引导着她。

女子想了很久，回答："其实还是关心我的人比较多。"

"那么你花了多少心思在那些关心你的人身上？"医生又问。她一下愣住了。

"这就是问题的核心。"医生说，"你被丈夫伤害，也被婆家伤害，你一心寻求所谓的正义，但你又没有办法证明自己是对的。所以你什么事情都不能做，这就是你既焦虑又忧都的主因。但是伤害你的人就那么几个，关心你的人却很多，可你却老是花时间讨好那些伤害你的人，而将爱你的人弃之不顾。这难道合理吗？看看最爱你的人是谁？是你自己。围绕在你身边的、关心你的人又是谁呢？是你的朋友。你得在心中提升他们的地位。你应该多为自己和朋友们着想，而把伤害你的人在心中降级。你无须去追问他们为什么这样对你，也无须去讨论他们到底好不好，这些事情你想不明白，就不用去想。你要做的，就是减低他们在你心中的比重。丈夫想打你，你就去申请保护令，不然就跑。公婆喜欢指责你，你就不要让他们有开口的机会，他们一骂你就借故离开，要不然就各说各话，不理睬他们的指责埋怨。"

她怯怯地说："可是这样，会被骂死的。"

"你又来了，你又在关心那些伤害你的人了。而且，说实在的，你就算配合他们，他们就会对你有好评吗？"

"我明白了。"女子想了想，又开始犹豫，"可是这样做不是违背了宽容的真谛吗？我不是应该去原谅他们吗？"

医生微笑道："不要着急，几个月之后你就会知道我为什么要你这样做了。"

一个月之后，女子来复诊。她的脸上开始有笑容了。几个月后，她再来的时候，整个人都变了样子：衣着亮丽，声音畅亮，一举一动看起来都很有朝气。乍看之下，很难想象这就是几个月前那个几乎崩溃的女子。

"这几个月来怎样？"医生问。

"简直是奇迹。我照着您说的话去做，我才发现，原来我身边有这么多人在默默地关心我！我的邻居、同事、朋友，甚至我的小姑子也是。我以前都没有注意过他们，而且也根本不在意他们。我真的把全部注意力都放在我丈夫身上了，而偏偏他伤害我最大！我干脆就不去理他。现在他一喝醉，我就躲开，让他连想打我也没机会。我现在除了必要的工作，其他事情都不管了。我把自己的时间放在和朋友们交际，还有去做义工上，而且，我还报名参加了才艺班。我要多学些东西。最令人高兴的是，这些日子我的心情越来越好，我的小孩也仿佛感染了我的情绪似的，越来越开朗了。"她神采飞扬地说。

"那你现在明白什么是真正的宽容了吗？"医生微笑道。

"我不懂。"一丝阴霾浮现在她的脸上，"我现在还是偶尔会担心，我这样是不是太自私了？"

"是该告诉你答案的时候了。"医生说，"你觉得你丈夫为什么会打你？"

"我发现他很缺乏自信，小时候被父母保护过度，又不懂得怎么表达自己。当他发现自己得不到想要的东西时，就会把愤怒直接发泄出来。而我就成了受气包。"

"所以你过去的做法，其实是在帮助他继续恶化，让他永远没机会学习正确处理事情的方法。"

"以后不会了。"女子尴尬地笑笑，"说实话，我觉得他这样很可怜。我想帮他，但又不知道该怎么做。"

"你需要的是知识、方法和资源。这些你可以在一些书籍和工作中学习到，你也可以重回校园。还有其他问题吗？"

"等等，我还是不知道什么是真正的宽容啊。"

"刚刚你就已经回答出来了啊。"医生笑道。

只有当你内心的力量比对方更强大的时候，你才有资格、有勇气去宽恕别人，这不仅仅是简单的自我牺牲。当你能够爱所有爱你的人，同时也不要配合伤害你的人继续来伤害你，更不要浪费时间在辩论孰是孰非上。倘若你能做到这些，就会开始积累力量，当你成为强者的那一天，你才会发现，要宽恕那个伤害你的人其实是如此容易的一件事。

人脉箴言

宽容是一件不容易的事情，但是一旦做到了，你将来的人生将一片明朗，你心中的阴霾将会一扫而空。宽容不是挂在嘴边的一句"无所谓"，宽容需要我们真正地付出行动，需要我们用真正的感情去包容对方。

夫妻也是相互扶持的战友

有些事情光由男人来办未必能够办成，有些事情光由女人来办也未必能够办成，如果男女搭配，合作行事，成功的概率就会大大增加。

有些人只买男人的账，而有些人却只买女人的账，如果我们不了解情况，就会弄巧成拙。这种情况下，何不尝试一下男女之间的合作，到时候见招拆招，买男人的账男人就上，买女人的账女人就上，把对方蒙在鼓里，自己的内心却是一片明亮。

很多时候，男人要想事业成功还是需要依靠女人的力量。男人在大方向上能够轻松地准确把握，但是在很多细节问题上却会考虑不周全，这个时候女人的作用就发挥出来了，她们会在细节上给男人很多帮助，让一件事情做得更加周密。

民国骁将蔡锷将军是一个反袁世凯的斗士，他为了能够逃出北京去云南组织反袁世凯的运动，想尽了一切办法。在与袁世凯的斗智中，如果没有一个女子的帮助，还真不好说蔡锷能否逃脱袁世凯的毒手。

袁世凯窃取革命果实后，想拉态度暧昧的蔡锷入伙，便以组阁为由，召其进京。蔡锷明知是调虎离山之计，却毅然离滇北上。面对袁的笼络，蔡抱着放弃主义的态度，这样的态度惹怒了袁世凯，袁世凯派人去监视蔡锷的行动，看他有没有异常的举动，想把蔡锷困在北京。蔡锷为了能够逃离北京，不得不表现得斗志全无，来迷惑袁世凯。

蔡锷整天饮酒作乐，经常在八大胡同（北京的烟花之地）流连忘返，特别是蔡锷在这里有一位叫作小凤仙的"红颜知己"，每次蔡锷都会同她饮酒聊天到深夜。小凤仙也是相当配合，把蔡锷看作是自己难得的知己，精心服侍蔡锷，与蔡锷纵情歌舞。尽管如此，袁仍不放心，仍然每天派密探监视蔡的行踪。不久，袁世凯称帝，蔡锷内心作痛却不动声色，也不直言劝阻，反而晓谕部下拥戴帝制。蔡锷还整天与袁世凯的帮凶——六君子、五财神、八大金钢等人周旋，甚至帮助筹备登基大典。

渐渐地，袁世凯疑虑稍减，开始拿出巨款收买蔡锷。蔡锷也不糊涂，照单全收，但暗中把钱存下以便日后作大举的经费，表面上更是沉溺于酒色。为了能够进一步迷惑袁世凯，蔡锷还经常留宿名妓小凤仙之处，小凤仙更是心领神会，每次都知道该如何应对。甚至因为这件事，蔡锷与夫人发生争吵，双方闹到法庭要离婚。这下子，袁世凯看见蔡锷已经被小凤仙完全迷住，而小凤仙也能够把蔡锷留在北京一起生活，这才放下心来，把密探全部撤掉了。

对此，蔡锷仍无什么反应，反而整日忙于寻欢作乐、修造房屋、收集古玩，连公府召见也难得一见蔡将军的影子。一天傍晚，在小凤仙的策划下，蔡锷在小凤仙的住所举行宴会，遍请六君子、五财神等高朋好友，席间歌声笑语、丝竹齐鸣，加上猜拳行令，谑浪欢呼，一派花天酒地之象。蔡将军大饮大嚼，兴致欲狂，终于酩酊大醉，呕吐狼藉，来宾们也都酒意十足，畅然散去。次日天未破晓，小凤仙推醒蔡锷说："时间已经到了。"蔡将军矍然而起，悄然离去，赴天津，去日本，转道海上至云南。至云南独立，其他各省继起响应，人们方才知道原来蔡锷是借助小凤仙来隐藏自己的真实目的。

蔡锷将军之所以纵情声色，购置田产，与妻子离婚等，都不过是故意掩饰自己的真实面目，麻痹老奸巨猾的袁世凯，为他日脱身做掩护。对此，老奸巨猾的袁世凯毫无察觉，等达到目的后，袁氏梦醒无奈，徒然悔悟。当然蔡锷将军的妻子也做出了重大的牺牲，其实他的妻子是知道这一切计划的，但是心甘情愿地配合蔡锷演好了这出戏。

不要认为两个能力超群的男人一起办事就是强强联合，也不要以为两个精明的女人一起办事就会滴水不漏，事情总是相对的，什么样的事情就要搭配什么样的角色。有时候一男一女合作做事往往会收到奇效，别人不看好的组合才能避免遭到猜疑和攻击。

人脉箴言

俗话说，男女搭配，做事不累，这句话还真是经验之谈。人既然是分男女的，就是让男女各司其职，各尽所能，所以男人们不妨放弃大男子主义的观念，主动邀请女子帮助自己做成一些事情。

家是两个人的，家务也是两个人的

在家庭生活中，家务是一项很烦琐的事务，所以干家务也是一种很辛苦的劳动。做饭、洗衣、打扫卫生……似乎永远有干不完的活。但现在的女性可不像从前那样足不出户，整日待在家中专事家务。她们早已成了社会活动中的一个重要角色，她们需要工作、需要社交，当然也就不可能包揽所有家务。她们非常希望自己的丈夫能为她们分担一部分家务，以减少生活带来的压力。但有不少做丈夫的，还抱着传统的习惯，把一切家务都推到妻子身上。他们虽然也知道男女平等，但从不让这种平等体现在干家务上。归根结底，他们还是不爱干家务。

摊上了不爱干家务的丈夫，做妻子的该如何办呢？妻子不妨应适当地忍耐。夫妻之间的关系非同一般，不可用一般的尺度去衡量。尽管丈夫有一些不足之处，可能是懒一些，家务干得少，但做妻子的应该不要过于计较。不要用"男女平等"这类大字眼去衡量或解释家庭中的一些小事情。否则，很容易伤害夫妻之间的感情。

另外，这种"忍"从一方面看似乎是有所吃亏，但从另一方面讲却是有所增益。简言之，这种在家务活承担量上的大小与在家庭中的权力的大小是成正比的。也就是说，你干得愈多，你在家中的权力也愈大、地位愈高；你干得愈少，相应的权力也小、地位也低。

在现实的家庭生活中，人们常常可以观察到这样的现象：那些在家里经常干家务活的妻子，她常常可以很随便地指使丈夫去做点什么，而且，对于家里的某件事、某个决策，也拥有较多的权利，包括买点什么东西、添置什么家电设备，等等。而且，在这样的家庭中，当丈夫的似乎也很愿意听从妻子的指使和安排，通常也不会有太大的反对意见，为什么会这样呢？

出现这种现象的关键在于一种潜在的补偿关系。一方面，妻子在承担了大部分的家务之后，便很自然地会形成一种这个家实际上是由自己在主持的感觉。这样，一种责任心便油然而生，在这种习惯的驱使下，她很自然地会主动地对家里的工作做一些必要的安排和决定；另一方面，做丈夫的由于在家里承担的义务较少，也常常会感到自己没有对家里尽什么责任，而且妻子还把自己的生活料理得有条不紊。也就非常容易接受妻子的安排和指派。

事实证明，光有忍耐也是不够的，做妻子的还应该主动采取一些措施，改变丈夫不爱干家务的习惯。但是，这需要一个前提，那就是夫妻感情要好。否则，妻子即使做出努力也不会见效，说不定还会引起反作用。如果夫妻感情有所欠缺，应首先在加深了夫妻感情的基础上，再采取措施改变丈夫不爱干家务的习惯。改变的办法有几种，总的宗旨是：遵守"愉快改变"的准则，任何一种办法都不可引起丈夫的反感。

例如，经常称赞丈夫的每一个优点，让他感觉你很欣赏他、尊重他，使他完全撤掉对你的心理防线，乐于接受你的建议。在这样的心理气氛下，你可以试着提出你对他的家务要求，提要求的方式最好是间接的、婉转的，避免采用命令形式。如有时可在交谈中隐晦地表达你的要求："我知道你很爱我，我真幸福。要是我很忙的时候，你能帮我一把，那我就是世界上最幸福的女人了。"一个爱妻子的丈夫几乎都愿意让妻子幸福，他可以从中感受到做丈夫的自豪，因而有意识地往这条路上引，丈夫们多半会不知不觉入"圈套"。

从小事开始引导，称赞最微小的进步。这一条对任何家务都不爱干、不会干的丈夫来说，尤其重要。如果你成功地引导他干了一件小的事，比如擦桌子，你也应立刻赞扬他桌子擦得真干净。这种诚以嘉许、宽以称道的方式，会使他在受到甜丝丝的鼓舞之后，大大激发做家务的热情。即使他干得不如你意，你也千万不要指责、唠叨，否则他很可能再也提不起干家务的兴致。

同时，可以根据丈夫的兴趣、爱好，让他干比较贴近他兴趣的事。比如许多男性都对电器、电路之类有兴趣，那么，把家里有关电器的维修、电灯的安装等承包给丈夫，是人尽其才的好办法。又如丈夫比较有美术修养，喜欢装潢之类，就可把家庭布置的任务放手交给他，由此收拾房间的事也就捎带着归他了。这种非常自然的分工一旦被丈夫接受，做妻子的就要善于放手，不可干涉他的主张。即使你有不同的意思，也要委婉地提出你的方法，和他商量。

另外，做妻子的可对家务劳动实行适当简化、科学安排的策略，使其不至于成为一项过分繁重的负担。家务事本是可大可小，可多可少的，同是三口之家，有的家庭每天用于家务的时间不过两小时，有的家庭却要四五个甚至七八个小时。这种状况的形成大部分取决于对家务的要求。有的妻子对此要求太高，对家庭的清洁度、对饭菜的质量等都过于严格，往往导致家务的膨胀，有的丈夫对妻子的苛刻难以理解继而袖手旁观。所以，改变家务标准，非但有助于减轻家务负担，更能促使丈夫在心理上乐意分担家务。在安排家务上努力做到科学、合理，是另一良策。利用机械化自不必言，集中精力打歼灭战也是个好办法。洗衣可每周一次，稍微花点钱买几套内衣，可省却许多麻烦。打扫房间也可定期。和丈夫订个协议，夫妻每周用两小时共同打家务歼灭战，合理分工，互相协助，边干边聊，亦不失为增进夫妻情感交流、解决家务负担的有效方法。另外，充分利用家务时间的每一分钟，尽快干完家务也是提高效果之途。如开着洗衣机打扫房间，坐上饭锅再择菜，等等。

人脉箴言

凡此种种，都基于一个目的：尽力减少家务劳动的时间，减轻家务劳动的强度，以腾出更多的精力从事工作和其他活动。否则，终日被家务所累，难免心绪恶劣，滋生抱怨情绪。如此一来，非但对丈夫的"愉快改变法"难以实施，恐怕还会殃及夫妻关系。所以，明智的妻子自应选择以上明智之举。

第十一章
这样做，你的人脉会被尽毁

纵观古今，凡是心狠手辣、赶尽杀绝的人，往往没有什么好下场，而那些懂得适可而止的人，即使名声不怎么好，也能得到善终。我们做事千万不要做得太绝了，以免招来众人的反抗。

"赶尽杀绝"的人连朋友都不会有

纵观古今，凡是心狠手辣、赶尽杀绝的人，往往都没有什么好下场，而那些懂得适可而止的人，即使名声不怎么好，也能善终。我们做事千万不要做得太绝了，以免招来众人的反抗。

孙子有一句名言，叫"穷寇勿追"。在打仗时，孙子强调对于陷入绝境的敌人，不要去逼迫他。他认为，陷于绝境的敌人，已无所顾忌，一副视死如归的气派。如果这时给予打击，敌人将会与你拼命。我们做事情不要做得太绝了，要留有余地，做得太绝了容易招来奋起反抗，俗话说：狗急了还要跳墙。如果你把一个人逼到了没有任何退路的绝境，那他还有什么好怕的呢？

1916年，蒋介石、许崇智、张静江三人焚香换帖，结为拜把兄弟。当时，许崇智任中华革命党总部军务部长，辅翼孙中山筹划党务和军务。他英姿勃发，在革命党人中堪称俊杰，蒋介石只是他的部下。

1924年1月，孙中山改组国民党，有人反对，有人默然，许崇智站起来发言，举双手表示赞成。在国民党一届一中全会上，许崇智被推举为中央军事部长。其时，蒋介石连参加大会的代表资格都没有。孙中山整顿军队，将广东军队统一组编为建国粤军，特委许崇智为总司令。

孙中山原考虑让许崇智或程潜担任黄埔军校校长，是许崇智再三推荐蒋介石，于1月24日派蒋介石为军校筹备委员会委员长。蒋介石却不以为然，于2月21日给孙中山留了一封信，就径自去上海了。3月31日，许崇智以兄弟情谊专程由上海至奉化，苦口婆心劝说蒋介石回广州，晓以办军标准化为党国造就军事骨干的重要意义。在许崇智的谆谆劝导下，蒋介石回到广州。5月，孙中山才签署命令，正式任命蒋介石为黄埔军校校长兼粤军总司令部参谋长。东征时，许崇智率粤军为右路军，蒋介石带领黄埔军校两教导团加入右路军。在指挥作战中，许崇智对蒋介石更是另眼看待，倍加重用，军务多交蒋介石直接负责。他要粤军诸将领完全听从蒋介石的指挥和调遣。他对部下们说："服从许总司令就要服从蒋参谋长，蒋参谋长就是许总司令。以后凡是总司令的命令，无论盖的是许崇智或蒋中正的印章都一样有效。"

许崇智一味呵护蒋介石，以为自己是兄长、是上级，但他并没有注意到，蒋介石以黄埔军校校长起家，羽翼渐丰，却开始把他视为绊脚石了。

1925 年 8 月 20 日，廖仲恺突然遭刺杀。在调查廖案中发现凶手与粤军第一军军长梁鸿楷，第一警备司令梁士锋等人有牵连。蒋介石派他的党军（前身即黄埔军校教导团）将二梁拘捕，将二梁所部包围缴械。此事使许崇智十分难堪，不得不在《悼廖仲恺同志并告国人及本军同志》一文中，做出引咎自责和负责追查的表示。蒋介石第一步得手后，对许崇智说，粤军中很多将领牵涉廖案，粤军已不可靠，为了安全，改派黄埔学生负责许崇智的警卫。许崇智怎么也没想到，这个与自己义结兰盟、倍加宠信的部属蒋介石，竟然要夺自己的军权了。当他觉察到自己实际上已经遭到蒋介石软禁时，立即电令粤军精锐部队两师来广州保护自己。但有预谋的蒋介石处处占先机，先一步派黄埔学生抢占要地，控制广州。9 月 19 日，蒋介石在财政会议上又拘捕了一批许崇智的亲信，当晚令黄埔学生严密包围了许崇智的住处东山公馆。深夜两点，蒋介石派人送了一封亲笔信给许崇智，信中列数许崇智的罪状，主要包括：百无一举，军队散漫；侵没税收和军饷，饱私囊图利己；图谋推倒中央银行而谋自立银行以图私利；知人不明，用人不当。

接着蒋介石威吓许崇智："今不惟诸军不平，气愤填膺，即兄之所部，亦欲食兄之肉以为快。"他要许崇智"毅然独断，保全名节"，并许诺"不如暂离粤境，期以 3 月，师出长江，还归坐镇，恢复令名。"在信的最后蒋介石信誓旦旦："如有一毫违心之论，不忠之意，皇天后土当共殖之。"许崇智无奈，只好饮下这杯自酿的苦酒，在蒋介石派来的"卫队"护送"下，悄然登船去了上海。粤军总司令部被蒋介石一手收束，所属各部均被改编。许崇智被逼走后，蒋介石收编了粤军，一跃成为国民党军事上最有实力的人物。

蒋介石之所以有如此多的追随者不是没有原因的，对于他的手下，他历来都是恩威并施，不会将任何人一棒子打死，只要你有功劳，日后还是一样能够得到重用。历史上爆发了如此多的农民起义，原因正是封建王朝将这些善良淳朴的农民逼得没法活了，他们才拿起武器奋起反抗的。如果这些农民尚能填饱肚子、养家糊口，他们万不会冒着杀头的罪名起义反抗的。

人脉箴言

每个人在最绝望的时刻都会产生"破釜沉舟"的决心，在绝境中爆发的力量是可怕的。平时在人际交往过程中，千万不要把事情做得太绝情，小心遭到他人的绝情报复。一个做事不留余地的人，是没有谁愿意与之交往的。

当对方出错的时候就是考验交情的时候

《论语·阳货》中讲述了"宽则得众"的思想。《论语·微子》中周公曾对鲁公说："无求备于一人！"如果我们以宽容的态度对待他人的过错，便能交到更多朋友；如果我们以严厉的态度时常责备别人的过错，那永远也交不到朋友。

"金无足赤，人无完人。""人非圣贤，孰能无过！"宋代文士袁采说过："圣贤犹不能无过，况人非圣贤，安得每事尽善？"在日常交往中，朋友之间不可避免会出现或大或小的失误，这时不要动不动就横加指责，大声呵斥，甚至恨不得将他置于走投无路的境地，而是要做到"乐道人之善"，多看到朋友的长处。

刘宽是我国汉朝时代的人，为人仁慈宽厚。在南阳当太守时，小吏、老百姓干了错事，他只是让差役用蒲鞭责打，表示羞辱。他的夫人为了试探他是否像人们所说的那样仁厚，便让婶女在他和下属集会办公的时候捧出肉汤，把肉汤泼在他的官服上，结果刘宽不仅没发脾气，反而问婶女："肉羹汤烫了你的手吗？"还有一次，有人曾经错认了给他驾车的牛，硬说这牛是自己的，刘宽什么也没说，叫车夫把牛解下给了那人，自己却步行回家。后来，那人找到了自己的牛，便把牛还给了刘宽，并且向他赔礼道歉，刘宽反而安慰那人。

《论语》中有句话："忠告而善道之，不可则止。"这是交友的学问。意思是对朋友犯错，以诚意提供忠告，如果对方不听，就要中止劝告而暂时观察情况。如果过于啰唆，只会惹得对方厌烦，毫无效果。要不要接受你的忠告，终究要看对方，勉强别人只会损害友情。明代洪应明的《菜根谭》中说："攻人之恶，毋太严，要思其堪受；教人以善，毋过高，当使其可以。"对待朋友的错误，无关原则的大可一笑了之，不应当以指责为能事，方法更不能粗野，不能刺伤朋友的自尊心。如果朋友的自尊心受到伤害，即使你说的和做的千真万确，别人也是不能心甘情愿地接受，又怎么能达到改过的目的呢？人人都有自尊心和好胜心，对于他人的过错，我们理应表现出君子的风度，礼让三分。你尊重了别人，自然就为自己赢得了别人的尊重。

第二次世界大战结束不久的某天晚上，卡耐基在伦敦参加史密斯爵士举办的宴会。宴席中，坐在卡耐基右边的一位先生讲了一个幽默的故事，并引用了一句成语，大意是"谋事在人，成事在天"。他说这句话出自《圣经》。"什么？《圣经》！"卡耐基知道这句话不是出自《圣经》而是出自莎士比亚的《哈姆雷特》。为了表示自己的优越感，卡耐基当即纠正了这位先生的错误。不料却引起了对方的反唇相讥："你说是出自莎士比亚？不可能！绝对不可能！那句话确确实实出自《圣经》。"

卡耐基的老朋友葛孟先生也在场，他研究莎士比亚的著作已有多年。这时，却在桌下用脚踢了踢卡耐基，说道："卡耐基，你弄错了，这位先生是对的，这句话的确是出自

《圣经》。"

回家的路上，卡耐基不解地问葛孟："你不是明明知道那句话出自莎士比亚的作品吗？"

"是的，"葛孟回答道："《哈姆雷特》第五幕第二场。可是卡耐基，我们是宴会上的客人，为什么一定要证明他错了呢？那样会使他喜欢你吗？为什么不给他留些面子？卡耐基，你为什么一定要跟他抬杠呢？应该永远避免跟人家产生正面冲突。"

《呻吟语》中说："责人贵含蓄"，意思是指责他人的过失时，要讲求一点儿策略，最好不要一次把心中要说的话完全表达出来。指责他人之过，需要稍有保留，不要直接地攻讦，最好采用委婉暗示的比喻，使对方自然地领悟，切忌露骨直言。每个人都有犯错疏忽的时候，我们应该用一种宽容的态度来看待这些错误，不要动不动就责人小过，也不要当面指责别人的过错，这会让人很难堪。当面责人过错不是一个有风度的人所做的事情。

人脉箴言

即使是当儿子的，有时挨了父亲的骂，也会无法忍受而顶嘴，更何况是别人呢？父子有血缘关系，无论如何不能割舍，但朋友就不一样了，过激的言辞很可能会断送友谊。因此，"你这话说得太不对了！""你做的事还不如三岁小孩子！"之类的话最好不要说，如果要说，必须改变语气。

你不帮别人，别人怎么会帮你

帮别人就是帮自己，要时刻牢记这一点。如今这个社会，人与人之间的联系性日益加强，今天你帮别人一个小忙，他日说不定能收获别人的一个大回报。

春秋时期左丘明作的《左传》中记载了一个"唇亡齿寒"的典故，讲的是春秋时虞和虢两个小国本来利益相关，但晋国假道虞国去讨伐虢国，虞国居然同意了，后来虢国被灭了，虞国也跟着被晋国灭了。利益相关的双方无论哪一方出现问题，双方都会受到影响，所以我们有时候不能太自私了，无论何时都要记得"唇亡齿寒"的道理。尤其到了真正行动的时候，千万不可犹豫，不要让自私的心理占了上风，要学会多帮助别人。

1366年5月，朱元璋受到陈友谅和张士诚联合对应天的两面夹攻。在双方正进行一场血战的险恶形势下，江北形势骤变。小明王韩林儿和刘福通派出的三支北伐军，遭到元军反击而惨败。小明王退兵安丰后，张士诚却派大将吕珍围攻安丰，情况十分危急。小明王多次派人向朱元璋征兵解围。这天，朱元璋召开军事会议，讨论是否派兵解困的问题，会上议论纷纷，众将都反对派兵，连军师刘基也坚决不同意。朱元璋这次力排众议，对大家说："我自有安排!"他毅然派兵去救安丰小明王。

朱元璋为什么愿冒此风险？狡猾奸诈的朱元璋自有他的鬼算盘。他认为安丰是应天的屏障，安丰失守，自己的应天就暴露在敌方攻击下，救安丰就是保应天；至于小明王，他在红巾军和劳苦群众中影响最大，有号召力，是一面旗帜。他朱元璋尊小明王为主，打他的龙凤旗号，一来是利用小明王的影响，争取人心，二来敌方打击的矛头首先冲着小明王，是为了实现日后的更大图谋。于是，他亲自率军北上，杀退吕珍，保住了安丰，小明王对他感激涕零。朱元璋乘胜回师，和陈友谅在鄱阳湖经过一场激战，陈友谅兵败身亡。朱元璋获得大胜后，被封为吴国公。

安丰之战后，朱元璋决心把小明王控制在自己手中。他先处处卖乖，把小明王迎到滁州，在滁州给小明王建造了巍峨的宫殿，安排了威武的銮驾仪仗、丰富的食物和华丽的服饰，背地却迅速安排亲信，对小明王实行封锁、隔离，甚至把侍奉小明王的宫中人员全部换上自己的部下。从此，小明王的一切统统在朱元璋的掌握之中。后来，朱元璋又以借刀杀人之计杀了已无利用价值的小明王，而小明王临死时还念念不忘朱元璋的大恩大德。朱元璋靠此既得了江山又得了人心。

即使在平时，我们也应该多帮助别人，帮助别人不仅是一种美德，其实我们也能从中获益。有好多日后亲密无间的朋友，其实就是在相互帮助过程中慢慢认识的，感情慢慢变好的。

有一个叫李刚的人，一天他的太太要生小孩了，得到消息后他扔下电话，跳进公司的那辆破车就往外冲。"你上不了山的，车太老了！"同事在后面喊。"没办法，只好冲冲看了！"果然，一开始爬坡，车就吃不消了，但居然侥幸地过了几个坡。眼看就要冲上最后一个坡了，一个提着箱子的人过来拦车："能不能带我一程？箱子太沉了！"李刚不予理会，一直往前冲，心想："我自己都不一定过得去呢。"但就在冲上山头的那一刻，车停住了，无论怎么踩油门都无济于事，并且开始往下溜。

李刚索性退回去，准备再次冲刺。刚才半路碰到的那个人，还回头对他笑呢。李刚觉得对方在嘲笑他，心里狠狠地骂了一句，就再次往上冲。这次，奇怪了，就在差一点的时候，车居然缓慢地上了山头。李刚正兴奋，却猛然发现车后站着那个人，满脸通红，气喘吁吁。"刚才是你帮我？"李刚有些不好意思地问。于是，李刚也过意不去，就答应了搭这个人一程，上车后李刚问这个人："你去山那边干什么啊？"那人回答到："我赶着去帮人接生！"

帮助别人是一种美德，我们要相信这个社会是会回报那些拥有美德的人的。帮助别人最好的状态就是没有私心，虽然你没有私心，但是被帮助的人却会最大限度的真诚地回报你，这是最好的结果。当然即使我们出于一些私心才帮助别人，也是无可厚非的，只要我们能够行动起来，力所能及地帮助他人，这样的行为一定对你有益。

人脉箴言

做个好心人、善心人是有必要的，不仅有必要，还应该将之当作习惯来培养。很多时候，重要的人际关系就是在相互帮助中得到升华的；很多时候，影响你一生的人际关系，竟然是产生于一次看似不经

意的帮助之后。

背后放冷箭的不叫竞争叫自残

要想竞争就要明着来，别暗地里使坏。一个人暗地里使坏就会牵连出一群人跟着暗地里使坏，这样暗斗的人多了，大家谁也得不到益处。

《韩非子·喻老》中说："千里之堤，溃于蚁穴。"不要看蚂蚁的洞穴虽然微不足道，但是它却有击溃千里堤坝的力量。小小蚁穴之所以能够摧毁巨大的堤坝，是因为蚁穴是从内部腐蚀堤坝，动摇的是堤坝的根本，这比动摇堤坝的表面可怕得多。由小见大，人与人之间也是如此，表面上的争斗大家都知道，所以都有准备，而内部的争斗就属于暗斗，暗斗是看不见的，所以一旦爆发，就会造成损伤。正如一个组织，因为表面争斗损坏的名声还能挽回，而如果连内部的人士都不能齐心，那么这个组织迟早要垮台。

雷曼兄弟公司是 1850 年由雷曼三兄弟——亨利·雷曼、伊曼纽尔·雷曼、迈耶·雷曼创办的。这三兄弟原籍德国，19世纪中叶，他们同众多的淘金者一样，一起来到美洲新大陆寻找好运。他们挑选了美国亚拉巴马州蒙哥马利市作为落脚点，并创立了雷曼兄弟公司。经过几代人的共同努力，到 1983 年，雷曼兄弟公司已拥有资本约 2.5 亿美元。它不仅是华尔街最大的投资银行之一，也是华尔街历史最长的合伙企业。

然而，1983 年 7 月 26 日，雷曼兄弟公司召开了董事会特别会议。彼得森在会上宣读了他辞去雷曼兄弟公司董事长兼总经理职务的声明。这一声明很快被通过。格拉克斯曼终于夺取了雷曼公司的最高权力。

"冰冻三尺，非一日之寒。"彼得森和格拉克斯曼之间的矛盾是长期以来公司权力斗争以及华尔街银行家和证券交易商之间对立的大爆发。格拉克斯曼精于预测股票价格和利率的动向，素有"信贷分析业务最内行的专家"之称。在他主持雷曼兄弟公司业务 20 年中，雷曼兄弟公司一直是华尔街证券交易中的佼佼者。但格拉克斯曼是东欧犹太人，傲慢的美国权势阶层一直把他拒于华尔街上层社会之外。工作之余，他只得一个人到唐人街饭馆自酌自饮，以消磨时光；彼得森虽然也是希腊移民的后裔，但他同美国权势阶层关系密切，人们频频看到他同客户、竞争者、政府、报界和公众打交道，举行各种豪华的宴会。近十多年来，华尔街银行家和证券交易商之间的矛盾日益突出，使得彼得森与格拉克斯曼之间的敌意也逐渐加深。十几年前证券交易从属于银行业务，证券交易商处于从属地位。但时至 1983 年，证券业务已蒸蒸日上，证券销售和交易活动已成为获利中心，因此二者之间产生矛盾在所难免。

1983 年 7 月 12 日的午餐会，终于将格拉克斯曼压抑已久的怒火点燃了。这天，美国人寿保险公司请雷曼兄弟公司总经理共进午餐。入座时，彼得森与人寿保险公司的总经理为邻，坐在餐桌主宾席一端。而格拉克斯曼被安排在长餐桌的另一端，纯粹是在观望席上。格拉克斯曼的无名之火终于燃烧了起来。当彼得森与保险公司总经理热情交谈时，他故意将银餐具弄得乒乓作响，还不时地挪动椅子撞击桌子，以发泄心中的不满。

1983 年 7 月 26 日，格拉克斯曼掌管了雷曼兄弟公司，开始制订计划，"医治雷曼兄弟公司的创伤"。他所用的药方是不惜牺牲公司的利益，以满足个人一时的私利。这种药方不仅医治不了公司的创伤，反而使他陷入信誉扫地、众叛亲离的困境。为了壮大自己在董事会的势力，他未经董事会同意就吸收新的公司入伙。有个名叫彼得·道金斯的人，向他提供了 100 万美元低息贷款以购买一套公寓。格拉克斯曼给彼得·道金斯的回报是 75 万美元的年薪。

最引起公司众怒的是格拉克斯曼及其同伙随心所欲地改变公司合伙人分红的比例，侵犯公司合伙人的经济利益。雷曼兄弟公司的传统做法是总经理有权对公司合伙人的年度红利，包括七名常委红利的多寡做出最后决定。格拉克斯曼就利用这一弄权的机会，在董事会上提出红利和股息分配的新方案。在新方案中，他将自己和其他四名高级成员的红利从125万美元增到150万美元。多数票据销售和交易商的红利也都有所增加，但不少银行家的红利减少了。其他合伙人股票分配情况更是如此。以往每年的董事会决定在固定的102 000股股票的重新分配中，主要合伙人的股票很少会大增大减，但这一次，格拉克斯曼的股票一下子从上一年的3 500股猛增到4 500股，而其他人却所增无几。

面对格拉克斯曼日渐膨胀的私欲，公司的许多合伙人和董事再也无法容忍了。到1983年10月，多名公司合伙人离去，公司内部人心涣散，公司的资本只剩下1.77亿美元。仅这么一点资本，根本无法同华尔街那些资本雄厚的金融机构竞争，同时，也难以维持雷曼兄弟公司每年4.37亿美元的开支。"屋漏又逢连夜雨"，在反复无常的证券交易市场上，多头交易此时突然变为空头交易，资金不足的雷曼兄弟公司利润锐减，业务前景空前暗淡。从1983年10月1日到1984年3月31日半个财政年度里，雷曼兄弟公司的利润就减少了1 160万美元。仅1984年3月，股票和固定收入交易部亏损就达1 260万美元，与银行货币经营部门700万美元获利相抵之后，仍亏损560万美元。雷曼兄弟公司只有大量吸收外部资本才能摆脱目前的困境。吸收外部资本有多种途径，但无论采取哪一种途径，都将危及公司传统的独立地位，动摇格拉克斯曼个人的权力基础。雷曼兄弟公司出路何在？人们不得而知。

1984年3月的一天，格拉克斯曼接到了希尔森—美国捷运公司董事长科恩的电话，对方表示愿意向风雨飘摇的雷曼兄弟公司伸出"上帝之手"。4月3日，双方在美国捷运公司董事长专用餐厅里举行谈判。谈判一开始，格拉克斯曼问："如果雷曼兄弟公司同希尔森—美国捷运公司合并，是不是这场交易的前提是我必须让位？"对方以傲慢的口气答道："是这样。"谈判结束时，科恩冷峻地说："我要声明，我们对掌握少数股权不感兴趣，我们感兴趣的是一锅端。"历经134年风风雨雨长盛不衰的雷曼兄弟公司，最终在内部的权力斗争中坍塌了。

此例警示人们，企业内部的团结是多么重要。然而在现实生活中，企业内部的权力斗争并不少见，这种可恶的内耗，往往将一个好端端的企业推到崩溃的边缘。

人脉箴言

有时候存在一些竞争是必要的，没有谁说不准让你参加竞争，毕竟有竞争才有发展。但是竞争要公平、公开，在背地里暗斗，那不叫竞争，那叫自残，最终只能伤人又伤己。

你的"青白眼"该治治了

我们眼中不能只有利益，地位高的人就巴结，地位低的人就冷眼以对，这样容易得罪人。做人要有人情味，无论是对熟人还是陌生人，都该如此。

《晋书·阮籍传》中说，阮籍为人善做"青白眼"。什么是"青白眼"？就是说看见自己喜欢的人就正眼视之，看见自己不喜欢的人立马用白眼看人。这种态度不可取，甚至可以说太狂，阮籍正是因为这种个性，后来才被杀的。为人处世还是要"以和为贵"，不要到处得罪人，尤其是小人。特别是不要倚仗着自己的身份不把人看在眼里，可能当时你看不出得罪人的坏处，日后你就会发现恶果。

明代的冯梦龙在《智囊》中描写了这样一个故事，说长洲尤翁是开典当铺的，年底某天，忽听门外一片喧闹声，出门一看，是位邻居。站柜台的伙计上前对尤翁说："他将衣服压了钱，今天空手来取，不给他就破口大骂，有这样不讲理的吗？"那人仍气势汹汹，不肯相让。尤翁从容地对他说："我明白你的意思，不过是为了度年关，这种小事，值得一争吗？"于是命店员找出典物，共有衣服蚊帐四五件。尤翁指着棉袄说："这件衣服抗寒不能少。"又指着道袍说："这件给你拜年用，其他东西现在不急用，可以留在这儿。"

那人拿到两件衣服，无话可说，立刻离开了。当天夜里，他竟死在别人家里。他的亲属同那家人打了一年多的官司。原来此人因负债过多，已经服毒，知道尤家富贵，想敲笔钱，结果一无所获，就转移到另外一家。有人问尤翁，为什么能预先知情而容忍他。尤翁回答："凡无理来挑衅的人，一定有依仗。如果在小事上不忍耐，那么灾祸就会立刻到来了。"人们听了这话，很佩服他的见识。

为人处世最好不要得罪人，即使避免不了，也要"宁得罪君子，勿得罪小人"。因为小人敢于来"挑衅"，肯定是有所企图，如果你真的得罪他了，反倒是正中了他的圈套。我们若能够给人帮助就尽量帮助，不要把关系弄得太僵，要给人留有余地。

在美国南北战争期间，有一个名叫罗斯韦尔·麦金太尔的年轻人被征入骑兵营。由于战争进展不顺，兵源奇缺，在几乎没有接受任何训练的情况下，他就被匆忙派往战场。在战斗中，年轻的麦金太尔被残酷的战争场面吓坏了，那些血肉横飞的场景使他整天都担惊受怕，终于开小差逃跑了。但很快他就被抓了回来，军事法庭以临阵脱逃的罪名判他死刑。

当麦金太尔的母亲得知这个消息后，她向当时的总统林肯发出请求。她认为，自己的儿子年纪轻轻，少不更事，他需要第二次机会来证明自己。然而部队的将军们力劝林肯严肃军纪，声称如果开了这个先例，必将削弱整个部队的战斗力。

在此情况下，林肯陷入了两难境地。经过一番深思熟虑后，他最终决定宽恕这名年轻人，并说了一句著名的话："我认为，把一个年轻人枪毙对他本人绝对没有好处。"为此他亲自写了一封信，要求将军们放麦金太尔一马："本信将确保罗斯韦尔·麦金太尔重返兵营，在服完规定年限后，他将不受临阵脱逃的指控。"

如今，这封褪裉了色的林肯亲笔签名信，被一家著名的图书馆收藏展览。这封信的旁边还附带了一张纸条，上面写着："罗斯韦尔·麦金太尔牺牲于弗吉尼亚的一次激战中，此信是在他贴身口袋里发现的。"

一旦被给予第二次机会，麦金太尔就由怯懦的逃兵变成了无畏的勇士，并且战斗到自己生命的最后一刻。由此可见，宽恕的力量是何等巨大。由于种种原因，人不可能不犯过失，但只有宽恕才能给人第二次机会，只有第二次机会才有可能弥补先前犯下的过失。

在平时的交往过程中，即使你真正地讨厌一个人，也不要表现得过于明显，大不了不搭理他就行了，不用做出一副仇深似海的样子。这种为人处世做"青白眼"的行为容易让我们过多地树敌，一个敌人太多的人是不容易在这个社会上取得成功的。

人脉箴言

和谐的关系是一个人在社会中交往的制胜法宝，与人为善的态度一定不会招来他人的反感。与家人妻子的和谐关系让你没有"后顾之忧"，与朋友的和谐关系让你能轻而易举地找到人帮忙，与上司的和谐关系让你升迁的机会陡增，与普通人的和谐关系让你少树敌。

不要在争斗中失了人脉输了自己

眼中只有对手的人，永远也找不到伙伴，永远也没有人愿意与之合作。竞争意识固然要有，但是竞争不是盲目的，要更多地关注自己的发展，而不是对手如何遏制你发展。

树立竞争意识本是好事，没有竞争就没有发展，但是如果竞争意识太过强烈了，你就无法驾驭了，反倒让你在竞争中受害。纵观历史，那些争强好胜心理太过强烈的人往往会走入万劫不复的境地。竞争是为了更好地生存，并不是单纯为了打击你的对手，更何况对手是打击不完的，即使你打倒了一个对手，还会有新的对手冒出来。

赵襄主向王子期学习驾车的技术。学习期满，两人一起比赛驾车。赵襄主换了三次马，可每一次都落在后面。赵襄主不高兴地说："你既然教我驾车，为什么不把技术完全教给我呢？"王子期说："我已经把技术完全教给你了呀。"赵襄主问："既然如此，你我就应该不相上下。可是，为什么我总是比不过你呢？"王子期说："这是你的竞争意识造成的。在比赛的过程中，有时候你在我后面，有时候你在我前面，这很正常。但不正常的是，你的注意力不在如何驾车上，而是在竞争对手身上。当你在我前面时，你害怕我赶上你。当你在我后面时，你又害怕赶不上我。如此一来，你怎么能够专心致志地指挥马呢？"赵襄主懊恼地说："我的确有这样的恐惧，因为我害怕不能赢得比赛。难道，你要我放弃竞争意识吗？当我放弃竞争意识之后，怎么能够赢得比赛呢？"王子期说："比赛的目的不是为了竞争，而是对你能否专心致志的考验。当你专心驾车的时候，你的注意力在马身上。你会挑选最好的马，会给马提供最好的帮助。这时候，你的眼里只有马的奔跑，只在意自己能否让马跑得更快，你与马配合默契，甚至已经与马合二为一，这样就能够让你的驾车技术发挥到极致。"

我们应该把主要的精力放在加强自身实力上，而不是把主要精力放在如何打击竞争对手上。对手之间需要有竞争，但是这样的竞争是良性的竞争，不是那种最后两败俱伤，谁也没得到好处的竞争。经营之神松下幸之助就曾说："事业的成功，首先在人和。"

观察百事可乐公司与可口可乐公司会发现一个很有意思的现象。无论两者怎样互相攻击，却总维持着一种微妙的平衡——不断做大市场，不容第三方插足。也就是说，他们既有利益争夺，又有利益共享。而且，不管双方在广告投入、产品开发等方面如何竞争，却不依靠价格战来削弱对手的实力。不打价格战，其实还与市场定位有关。作为"老二"的百事可乐公司比谁都清楚，在饮料市场，可口可乐拥有无可撼动的老大地位。也正因为清楚自己的定位，百事可乐公司才甘做"老二"，乐做"老二"，不发动价格战与可口可乐公司"死磕"，以免两败俱伤。

正如百事可乐公司的前任 CEO 罗格·恩里克所说："只要我们能

做到有规模的第二品牌，那就够了。因为在这个行业，我们能做到有规模的第二品牌，就能得到成熟性的利润。"

中国有句话"宁当鸡头，不做凤尾"，古往今来多少人费尽心思要拔个头筹，而百事可乐却甘做"老二"，这种态度对企业和个人来说，都是有启发性、指导性的。做"老二"并不是没有上进心，反而是一种良性竞争的表现，而且竞争中又有深入的合作。试想偌大一个市场，如果只有他们两家来瓜分，联起手来打击可能进入的第三家，那他们有谁会吃亏呢？

1979 年，美国福特汽车公司和日本马自达汽车公司结成战略合作联盟，这就是世界上最早的跨国公司战略合作联盟。

据估计，通过产品开发、采购、供应和其他活动全球化，合作联盟每年至少可以节省 30 亿美元的成本。更为重要的是战略合作联盟的形成使企业之间在产品开发、科学研究、生产制造、产品销售和售后服务等方面，充分利用宝贵资源以达到战略目标；在增加收益的同时减少风险。战略联盟具有协同性，能整合联盟中分散的公司资源，将其凝聚成一股力量。

分工合作，才能达到预期的效果。随着技术变得日益复杂，在某些重大开发项目上，没有一家公司可以单独包揽所有事情。IBM、西门子和东芝这三家世界级电子公司做不到，甚至获得巨额利润的世界上最大的芯片制造商英特尔公司也做不到。

英国电脑公司 ICL 如果没有与富士通公司进行合作，就不可能开发新一代的主机系统；摩托罗拉公司如果没有东芝公司的分销能力，也不可能打入日本的半导体市场。

生物制药领域的葛兰素公司与史克公司联盟的重要原因，就是要达到新组建的葛兰素史克集团三年内每年节省研发成本 10 亿英镑的目标，同时将在全球医药市场的份额提高到 75% 左右，从而实现企业资源一加一大于二的经济效果。

惠普和拥有世界激光打印机 70% 市场份额的佳能公司的合作也很成功。佳能负责将墨喷在纸上的"机械部分"，惠普负责软件、微控制器、用户调查和市场管理。虽然佳能和惠普在低价喷墨打印机市场上竞争激烈，但其合作还是坚持了下来。

运用竞争与合作关系的最高境界就是将两种关系融为一体，让人看不出双方到底是在合作还是在竞争，表面上的竞争实际上是要掩盖暗地里的合作，这样的关系才是一种成功的关系，这样的关系让人根本找不到突破口，根本无从下手将其破坏。

人脉箴言

无论是在生意场上，还是在平时的人际交往中我们都要以和为主，竞争不是永远的主题，它只能当促进发展的"配角"。眼中只有竞争对手的人，最终所有人都会真正地成为他的竞争对手，甚至连他自己都成了自己的竞争对手。

好人脉是"忍"出来的

忍耐是一种成熟的涵养，更是一种以屈求伸的深谋远虑。有些时候为了与人搞好关系必须懂得忍耐。人与人交往必须先过一道关，什么关呢？忍耐关。忍什么？一是忍气，二是忍辱。

汉代史学家司马迁说："文王拘而演《周易》；屈原放逐，乃赋《离骚》；仲尼厄，而作《春秋》；左丘失明，厥有《国语》；孙子膑脚，《兵法》修列；不韦迁蜀，世传《吕览》；韩非囚秦，《说难》《孤愤》；《诗》三百篇，大底圣贤发愤之所为作也。"小不忍则乱大谋，司马迁也是因腐刑而后著《史记》。忍耐既可明哲保身，又能以屈求伸，因此凡是胸怀大志的人都应该学会忍耐，忍耐，再忍耐。孔子告诫子路说："齿刚则折，舌柔则存。柔必胜刚，弱必胜强。好斗必伤，好勇必亡。百行之本，忍之为上。"

忍耐并非懦弱，而是于从容之中冷嘲或蔑视对方。唐代高僧寒山问拾得和尚："今有人侮我，冷笑我，藐视我，毁我伤我，嫌恶恨我，诡谲欺我，则奈何？"拾得答曰："子但忍受之，依他让他，敬他避他，苦苦耐他，装聋作哑，漠然置之，冷眼观之，看他如何结局？"这种大智大勇的生活艺术，用老子的"不争而善胜，不言而善应"这句话来评论恰如其分。

1978 年 11 月，李·艾科卡出任濒临倒闭的克莱斯勒汽车公司总裁。为了渡过难关，艾科卡采用了节省开支的一系列办法。1979 年夏季，公司的经济状况日趋恶化，亏损日益严重，仅靠节省开支已不能解决问题。只有向外边求援，向政府求援。尽管向政府求援是艾科卡极不愿意做的事，但为了企业的生存，他不得不屈尊降贵，委曲求全。

克莱斯勒公司一开始试图争取国会支持，要求将有关汽车业的管制冻结两年。这个议案没有被受理，他们又开始为获得一种退还税收的贷款活动进行游说，最后才决定申请贷款保证。这一举措首先受到了美国制造协会的抵制，但艾科卡沉着应战，毫不气馁。为了得到贷款保证，艾科卡不得不像个被告和乞丐一样到国会各个小组委员会面前接受质询。参众两院的听证会场的设计好像就是为了吓唬人的。议员们居高临下，坐在高出地面几尺的会议桌后，俯视会场。证人必须抬起头来才能看到询问者，这对证人的心理是极不利的。艾科卡必须坐在厢内，一个小时接一个小时地说明问题，为克莱斯勒的所谓"管理上的罪过"接受审判。这种屈辱他是永远不会忘记的。事后艾科卡感慨地说："到国会作证是世界上我最不愿意干的事。"为了使贷款申请获得批准，艾科卡不得不对议员施加影响，让他们从人道主义而不是意识形态的角度考虑问题。艾科卡还亲自去白宫找过卡特总统，并得到了他的支持。

经过艰苦的努力，国会终于通过了向克莱斯勒公司提供 15 亿美元的贷款保证的决定。这比公司要求的 10 亿美元还多了 5 亿美元，外援问题解决后，艾科卡开始实施公司复兴计划。1980 年克莱斯勒公司扭亏为盈，1984 年公司赢利 24 亿美元，又堂堂正正地成了"美国第三大汽车公司"。

对小事皆能视而不见、过后即忘，则能"淡泊以明志，宁静以致远"。国人以坚毅忍耐著称于世，崇奉"忍耐"是一种自我人格成熟完臻的体现。必有容德乃大，必有忍事乃济。所以，大凡心志高远、胸怀韬略的明达贤哲，都是冷静理智、抑怒束情的，他们能把逆境当顺受，自然就可以驱走灾难，避开祸端。

人脉箴言

我们不是为了忍耐而忍耐，我们是在委曲求全，是为了让彼此的关系看上去更加"和谐"，是为了让彼此的关系延续下去。不要把忍耐当作一种不得已而为之的事情，要把它当做心甘情愿完成的事情。